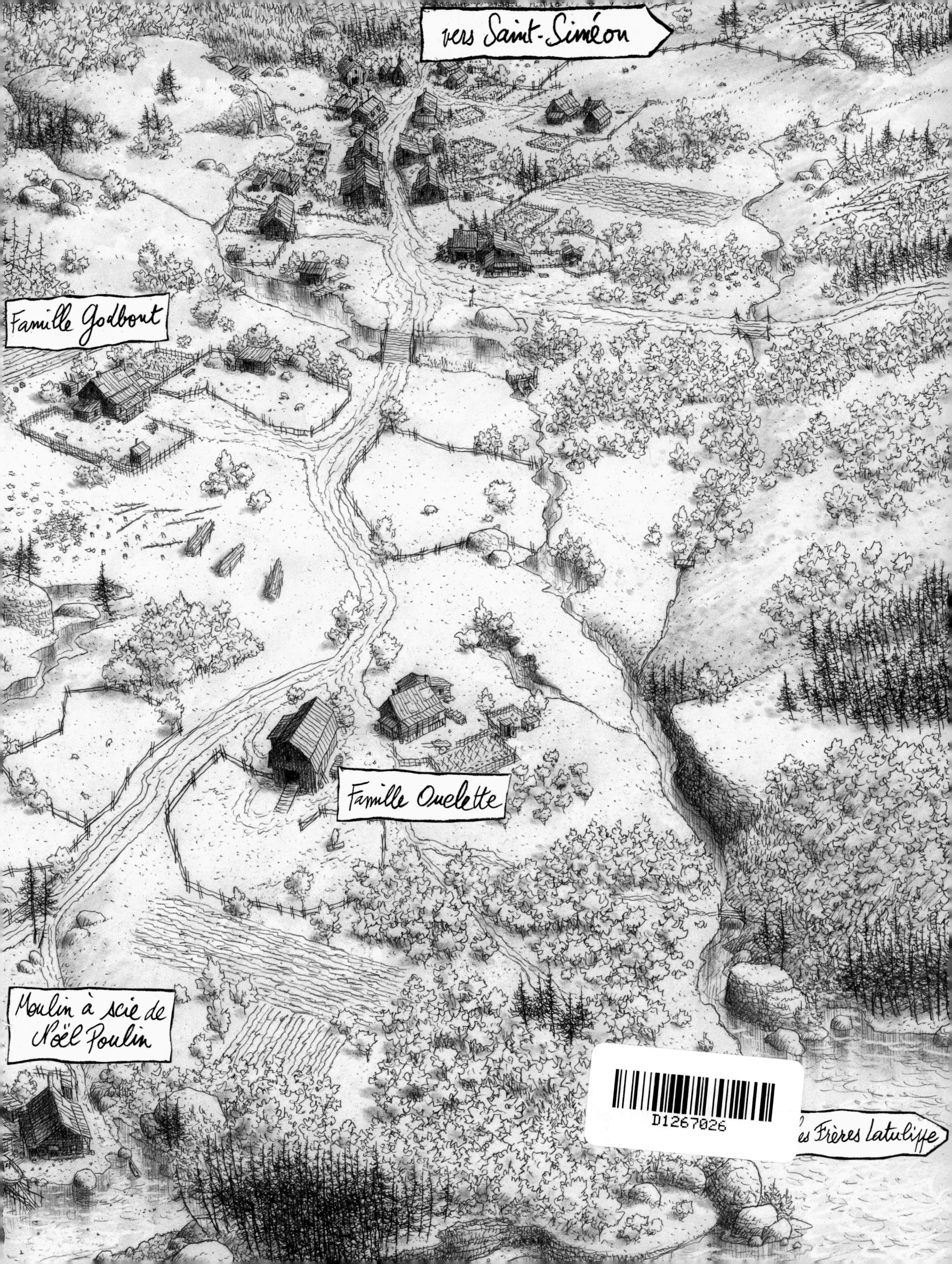
vers Saint-Siméon
Famille Godbout
Famille Ouelette
Moulin à scie de
Noël Poulin
es Frères Latulippe

LOISEL & TRIPP

MAGASIN GÉNÉRAL

Marie

Sur un thème de Régis Loisel

Scénario et dialogues
Régis Loisel & Jean-Louis Tripp

Dessin
Régis Loisel & Jean-Louis Tripp

Adaptation des dialogues en québécois
Jimmy Beaulieu

Couleurs
François Lapierre

casterman

Première étape par Loisel

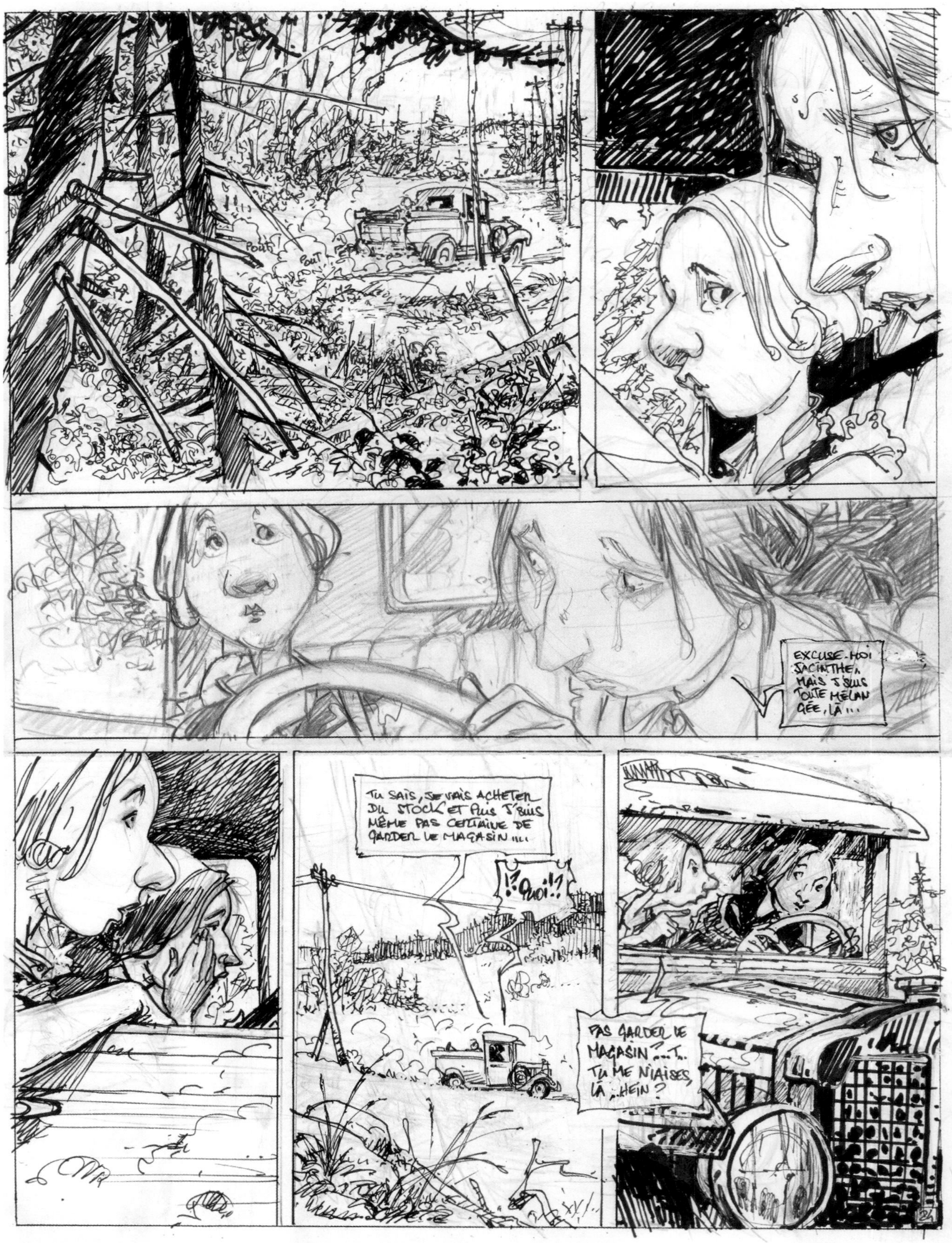
POUT
POUT
EXCUSE-MOI JACINTHE, MAIS J'SUIS TOUTE MÊLANGÉE, LÀ...
TU SAIS, JE VAIS ACHETER DU STOCK ET PUIS J'SUIS MÊME PAS CERTAINE DE GARDER LE MAGASIN....
!?QUOI!?
PAS GARDER LE MAGASIN?...T... TU ME NIAISES, LÀ ...HEIN?

Il est rarissime que deux auteurs accomplis ayant une trentaine d'années de métier, se mettent à dessiner ensemble, remisant leurs ego pour se fondre dans un style commun fait du meilleur de chacun d'eux. Voici l'histoire : depuis juillet 2003, Jean-Louis Tripp partage l'atelier de Régis Loisel à Montréal. À cette époque, l'un travaille sur le dernier tome de *Peter Pan* (Vents d'Ouest) et l'autre dessine *Paroles d'Anges* (Glénat). C'est ainsi qu'ils vont prendre conscience de leur complémentarité : alors que Régis n'aime rien tant que de mettre en scène une histoire d'un crayon leste et généreux...

Deuxième étape par Tripp

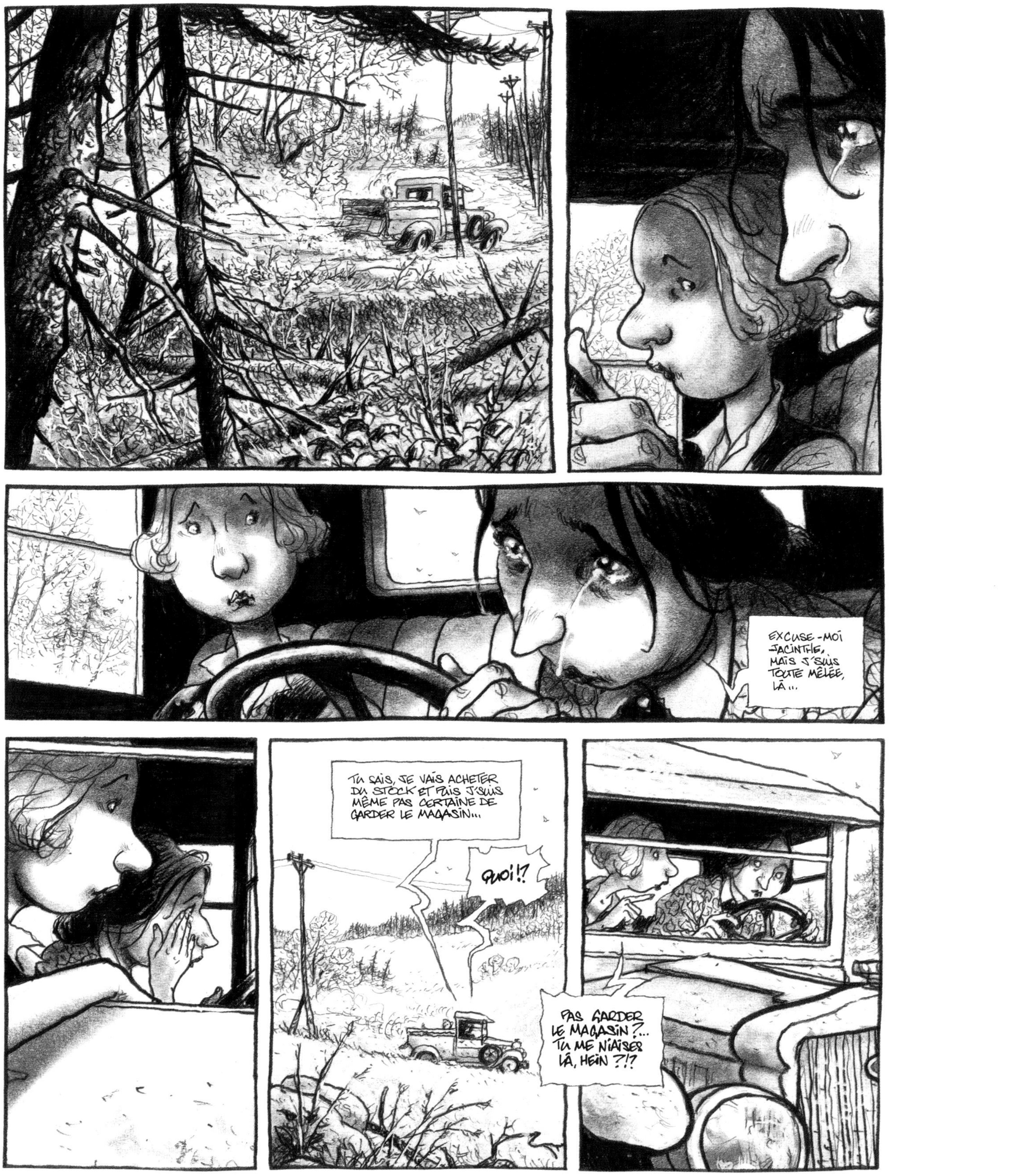
EXCUSE-MOI JACINTHE, MAIS J'SUIS TOUTE MÊLÉE, LÀ...
TU SAIS, JE VAIS ACHETER DU STOCK ET PAIS J'SUIS MÊME PAS CERTAINE DE GARDER LE MAGASIN...
QUOI!?
PAS GARDER LE MAGASIN?... TU ME NIAISES LÀ, HEIN?!?

Jean-Louis s'épanouit en distillant des ambiances sensibles et vibrantes par son trait et sa lumière. Ils décident alors de conjuguer leurs talents selon ce principe de plaisir en donnant naissance à un auteur virtuel. L'action de la présente histoire se déroule au Québec dont la langue parlée, si riche et savoureuse, n'est cependant pas d'accès facile pour la plupart des Français. Loisel et Tripp ont donc demandé à Jimmy Beaulieu, talentueux auteur montréalais (*Le Moral des Troupes* – Éditions Mécanique Générale/Les 400 coups) de les aider à trouver un juste niveau de langage qui satisfasse les lecteurs des deux côtés de l'Atlantique.

Un grand merci à :

Michel Laurent, conservateur au musée des Civilisations de Québec, pour ses réponses avisées à nos questions sur les us et coutumes du Québec rural de l'entre-deux-guerres.

Vincent Rioux, dit Voro, dessinateur de Tard dans la nuit, *pour sa documentation sur l'histoire de son village : le Bic.*

Louis Saint-Hilaire pour ses bouquins et son intérêt pour notre projet.

Paul Dubé, de l'université de Napierville, pour les paroles de calleux de notre scène de la Saint-Jean (les calleux sont les meneurs de danses en ligne).

Isabelle et Dominique pour leurs photos du musée du Magasin général de l'Anse-à-Beaufils, en Gaspésie.

Notre compagnon d'atelier Thierry Labrosse, dessinateur de Morea, *pour sa disponibilité et ses propositions pour la maquette de la couverture.*

Et... François Lapierre, notre cher coloriste, pour sa patience à supporter nos pinaillages et nos contradictions.

www.casterman.com

ISBN 2-203-37011-4

Imprimé en Belgique par Lesaffre, Tournai. Dépôt légal : mars 2006 ; D. 2006/0053/45.

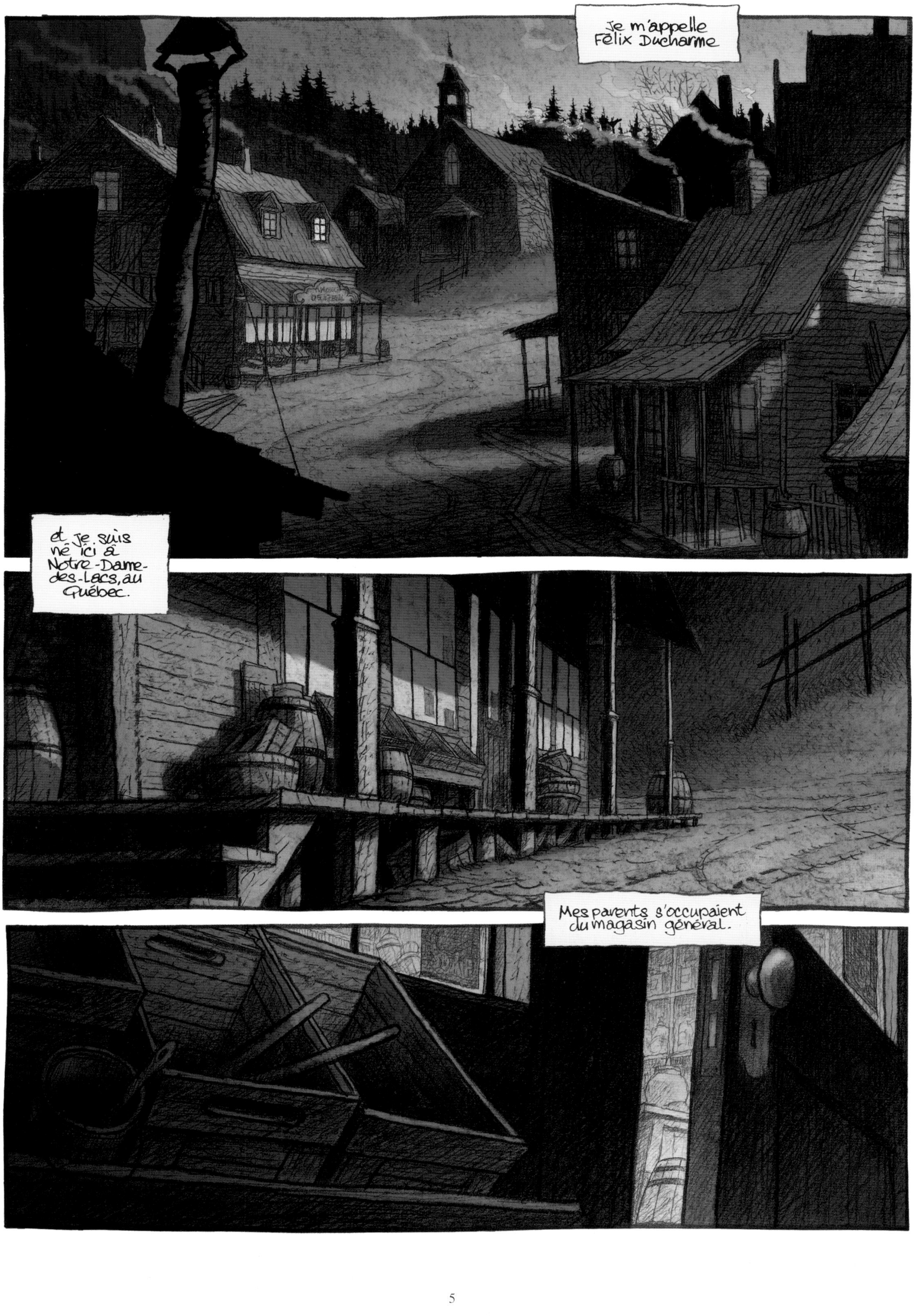
Je m'appelle Félix Ducharme
et je suis né ici à Notre-Dame-des-Lacs, au Québec.
Mes parents s'occupaient du magasin général.

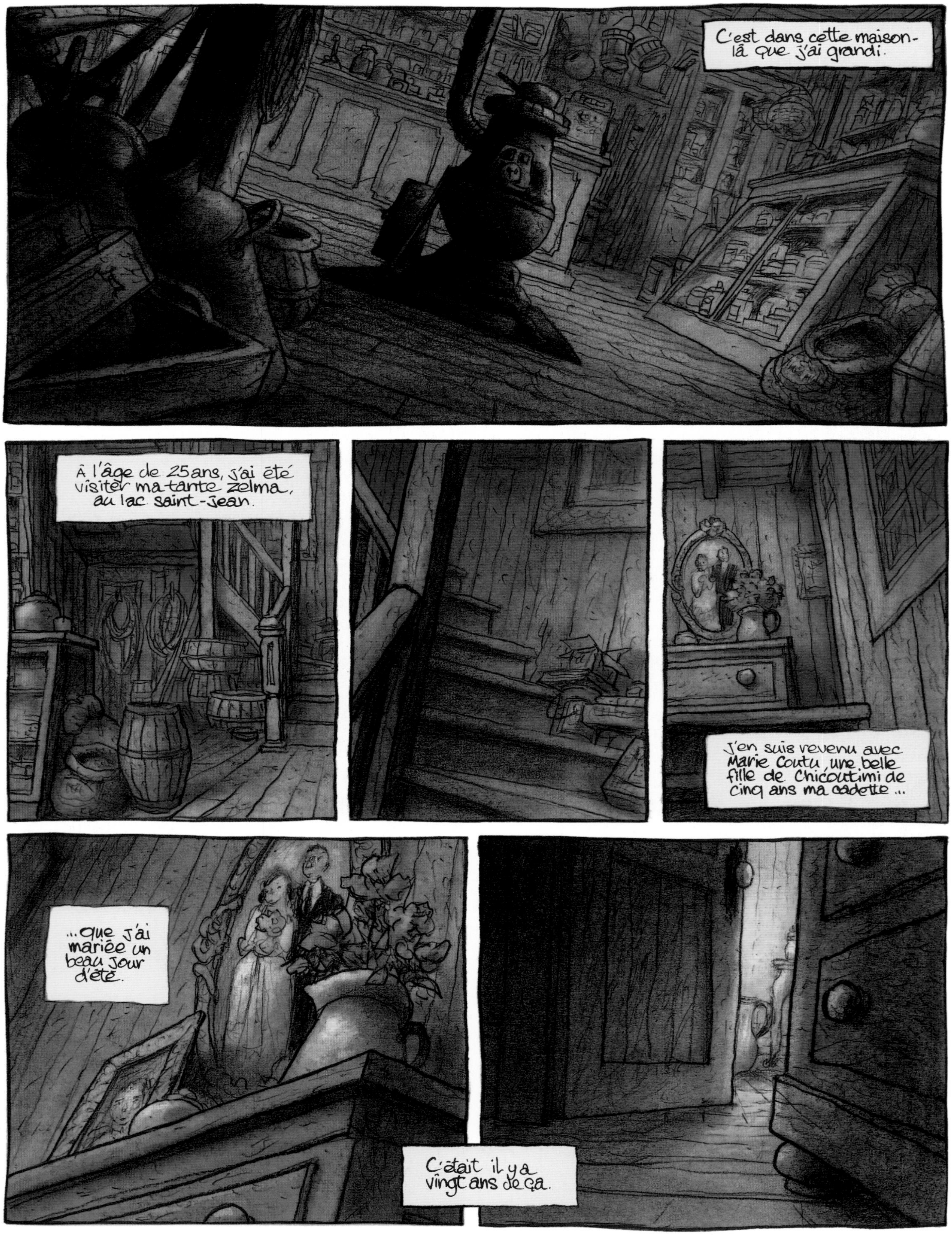
C'est dans cette maison-là que j'ai grandi.
À l'âge de 25 ans, j'ai été visiter ma tante Zelma, au lac Saint-Jean.
J'en suis revenu avec Marie Coutu, une belle fille de Chicoutimi de cinq ans ma cadette...
...que j'ai mariée un beau jour d'été.
C'était il y a vingt ans de ça.

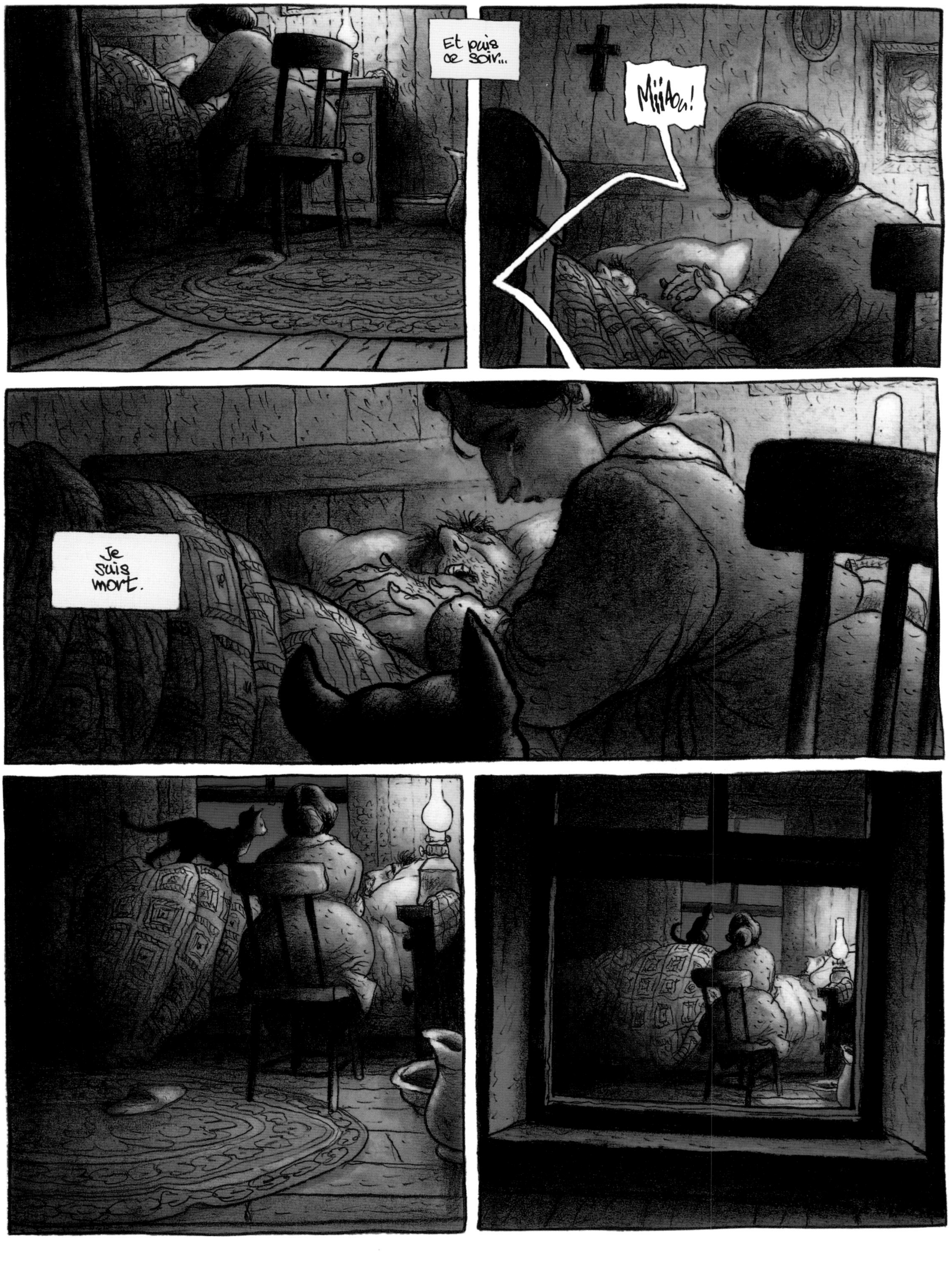

Et puis ce soir...
MiiiAou!
Je suis mort.

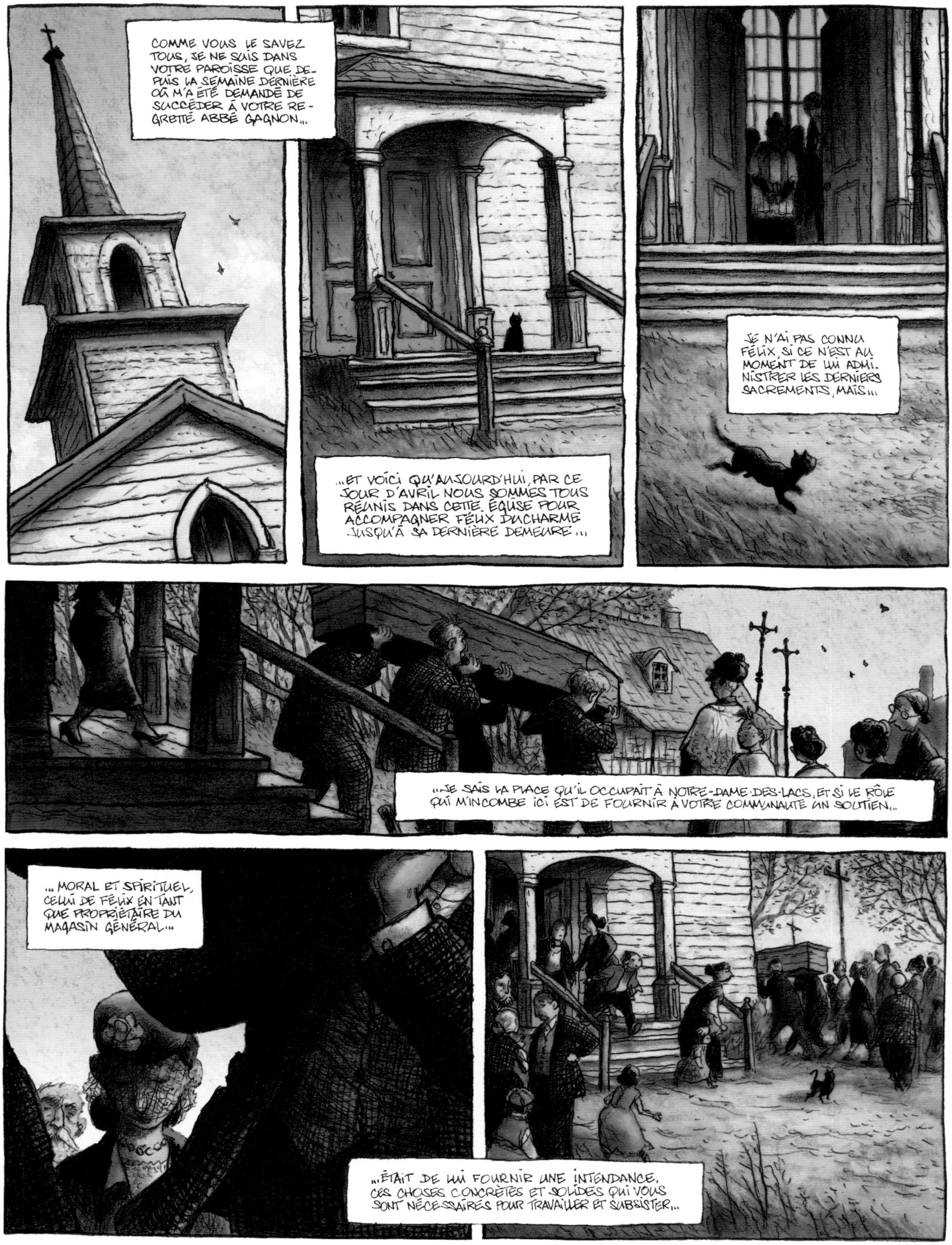
COMME VOUS LE SAVEZ TOUS, JE NE SUIS DANS VOTRE PAROISSE QUE DEPUIS LA SEMAINE DERNIÈRE OÙ M'A ÉTÉ DEMANDÉ DE SUCCÉDER À VOTRE REGRETTÉ ABBÉ GAGNON...
...ET VOICI QU'AUJOURD'HUI, PAR CE JOUR D'AVRIL NOUS SOMMES TOUS RÉUNIS DANS CETTE ÉGLISE POUR ACCOMPAGNER FÉLIX DUCHARME JUSQU'À SA DERNIÈRE DEMEURE...
JE N'AI PAS CONNU FÉLIX, SI CE N'EST AU MOMENT DE LUI ADMINISTRER LES DERNIERS SACREMENTS, MAIS...
...JE SAIS LA PLACE QU'IL OCCUPAIT À NOTRE-DAME-DES-LACS, ET SI LE RÔLE QUI M'INCOMBE ICI EST DE FOURNIR À VOTRE COMMUNAUTÉ UN SOUTIEN...
...MORAL ET SPIRITUEL, CELUI DE FÉLIX EN TANT QUE PROPRIÉTAIRE DU MAGASIN GÉNÉRAL...
...ÉTAIT DE LUI FOURNIR UNE INTENDANCE. CES CHOSES CONCRÈTES ET SOLIDES QUI VOUS SONT NÉCESSAIRES POUR TRAVAILLER ET SUBSISTER...

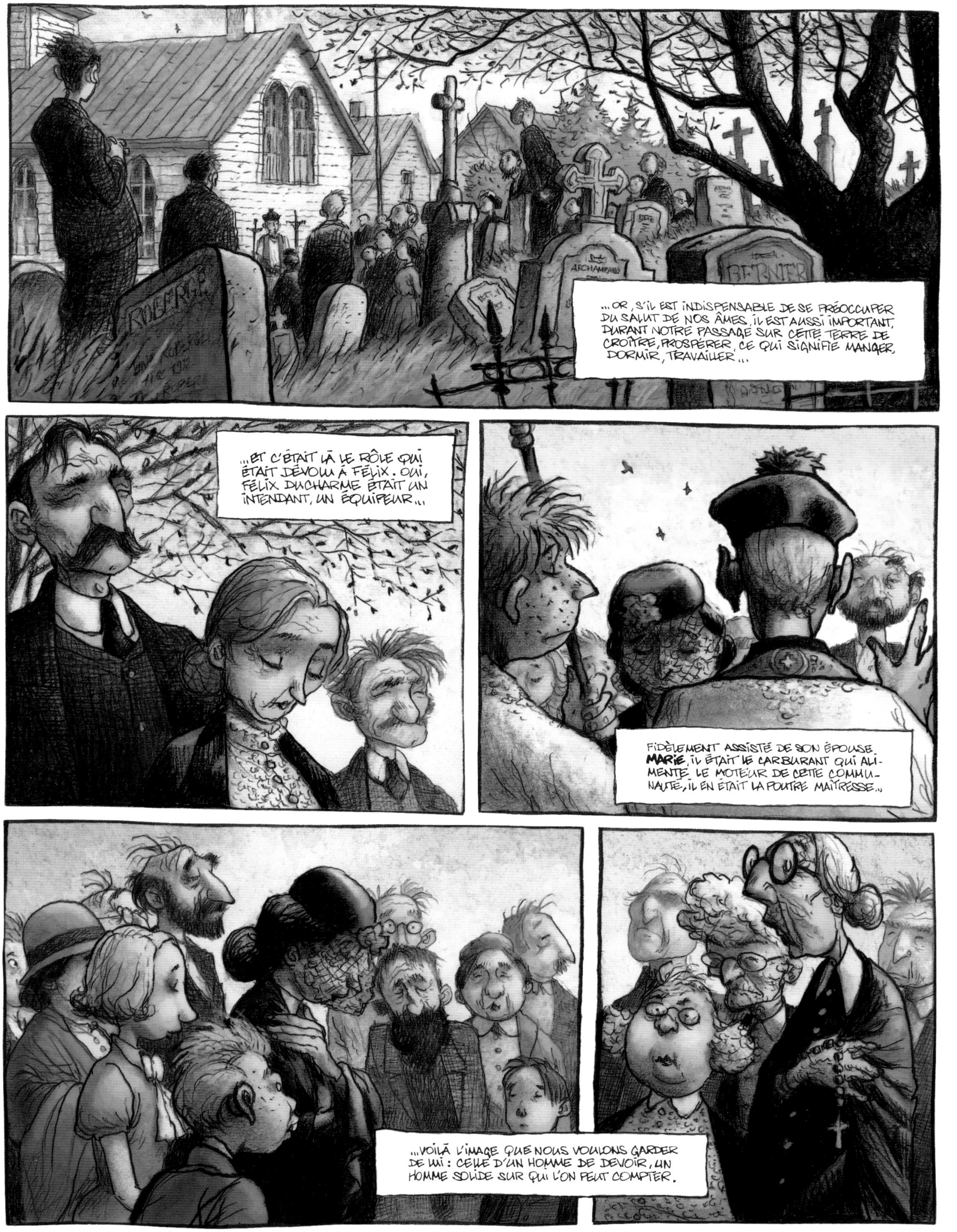
ARCHAMBAULT
BERNIER
...OR, S'IL EST INDISPENSABLE DE SE PRÉOCCUPER DU SALUT DE NOS ÂMES, IL EST AUSSI IMPORTANT, DURANT NOTRE PASSAGE SUR CETTE TERRE DE CROÎTRE, PROSPÉRER, CE QUI SIGNIFIE MANGER, DORMIR, TRAVAILLER...
...ET C'ÉTAIT LÀ LE RÔLE QUI ÉTAIT DÉVOLU À FÉLIX. OUI, FÉLIX DUCHARME ÉTAIT UN INTENDANT, UN ÉQUIPEUR...
FIDÈLEMENT ASSISTÉ DE SON ÉPOUSE **MARIE**, IL ÉTAIT LE CARBURANT QUI ALIMENTE LE MOTEUR DE CETTE COMMUNAUTÉ, IL EN ÉTAIT LA POUTRE MAÎTRESSE...
...VOILÀ L'IMAGE QUE NOUS VOULONS GARDER DE LUI : CELLE D'UN HOMME DE DEVOIR, UN HOMME SOLIDE SUR QUI L'ON PEUT COMPTER.

FÉLIX NOUS A QUITTÉS, ET NOUS ALLONS DEVOIR APPRENDRE À VIVRE SANS LUI, MAIS SOYONS SÛRS QU'IL EST MAINTE- NANT ET À JAMAIS ASSIS À LA TABLE DU SEIGNEUR...

...AU NOM DU PÈRE...

...DU FILS ET...

...DU SAINT- ESPRIT.

AMEN.

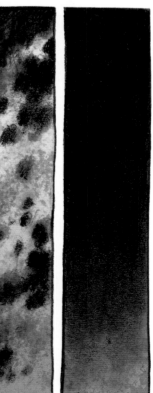

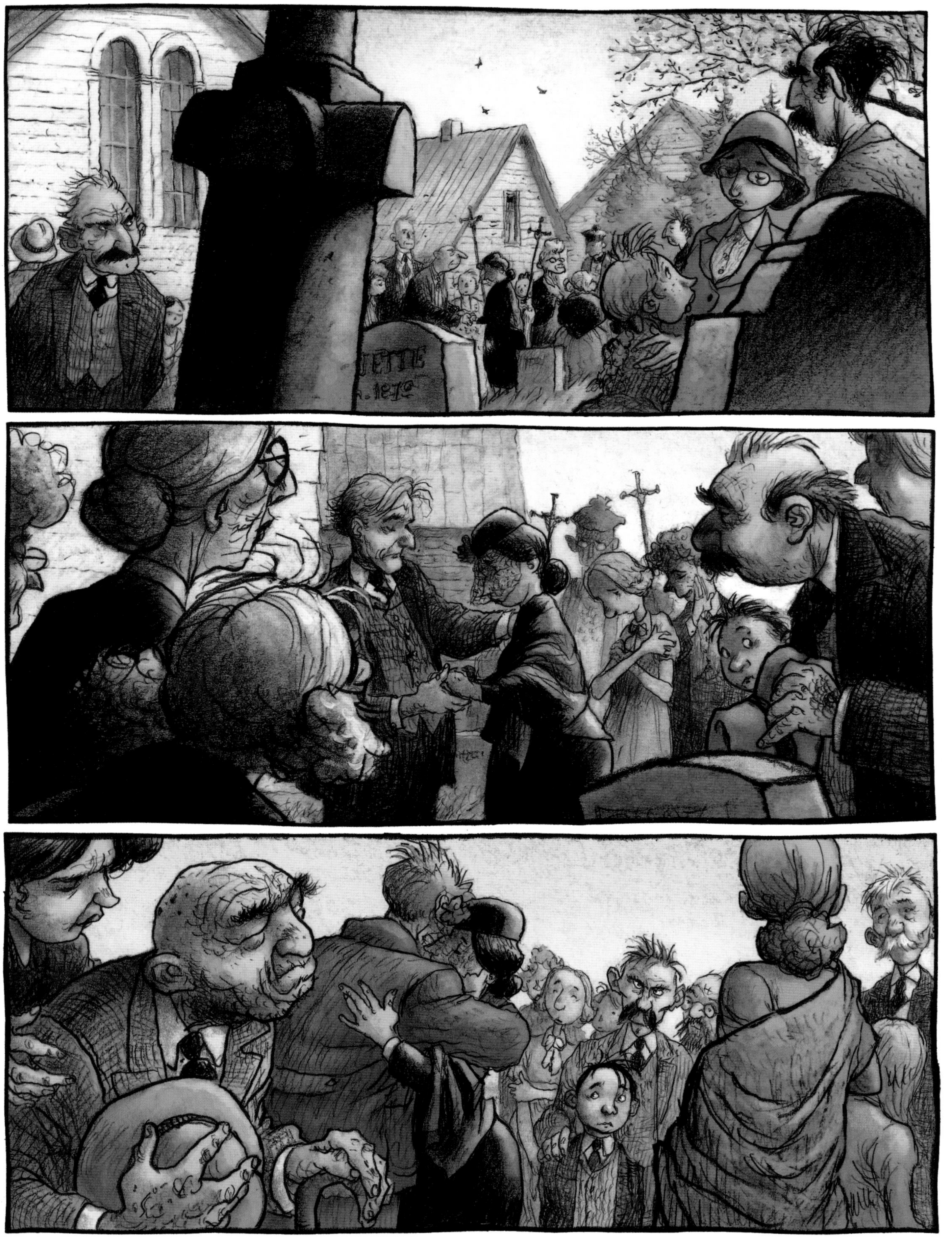

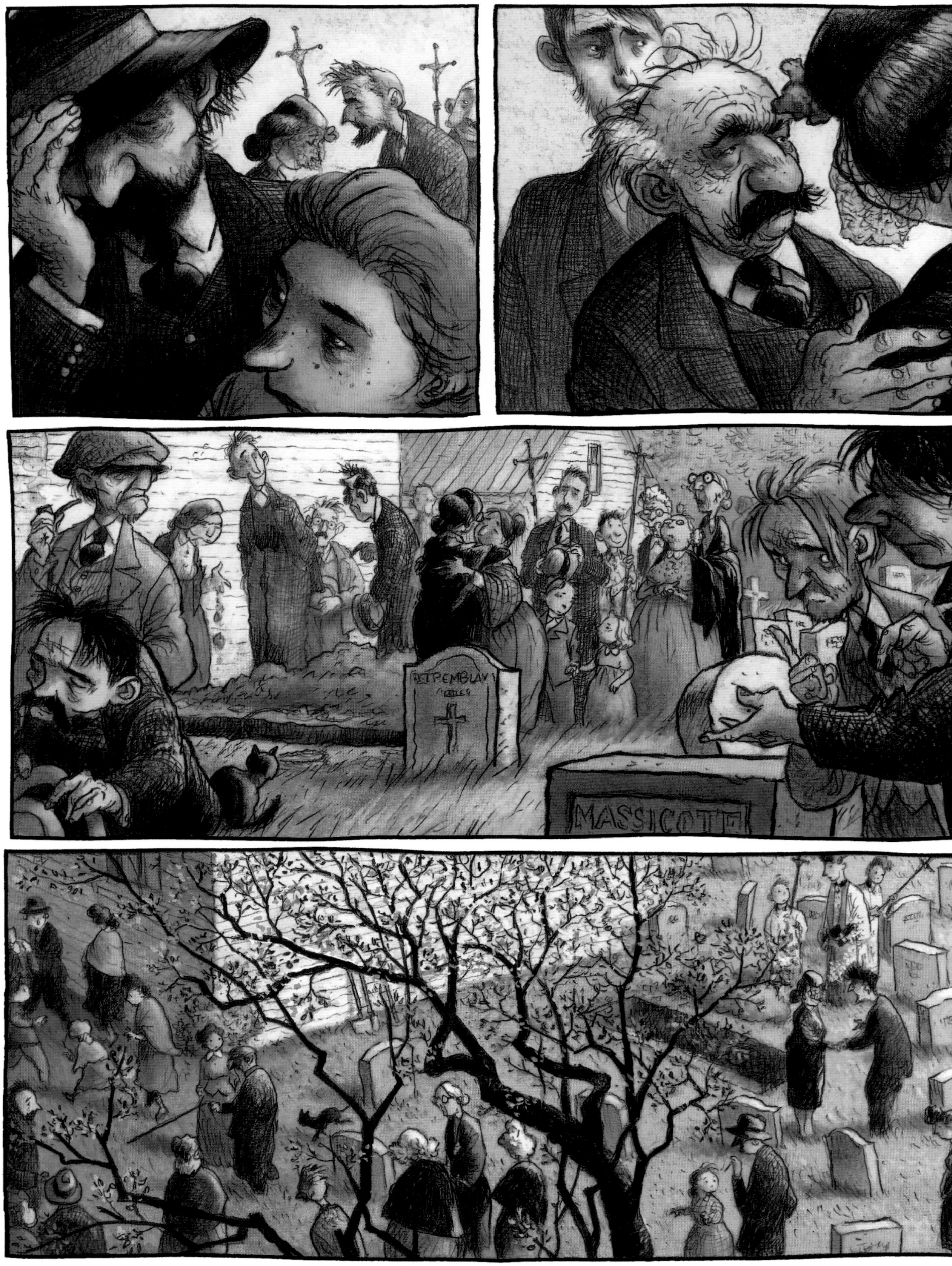
TREMBLAY
MASSICOTTE

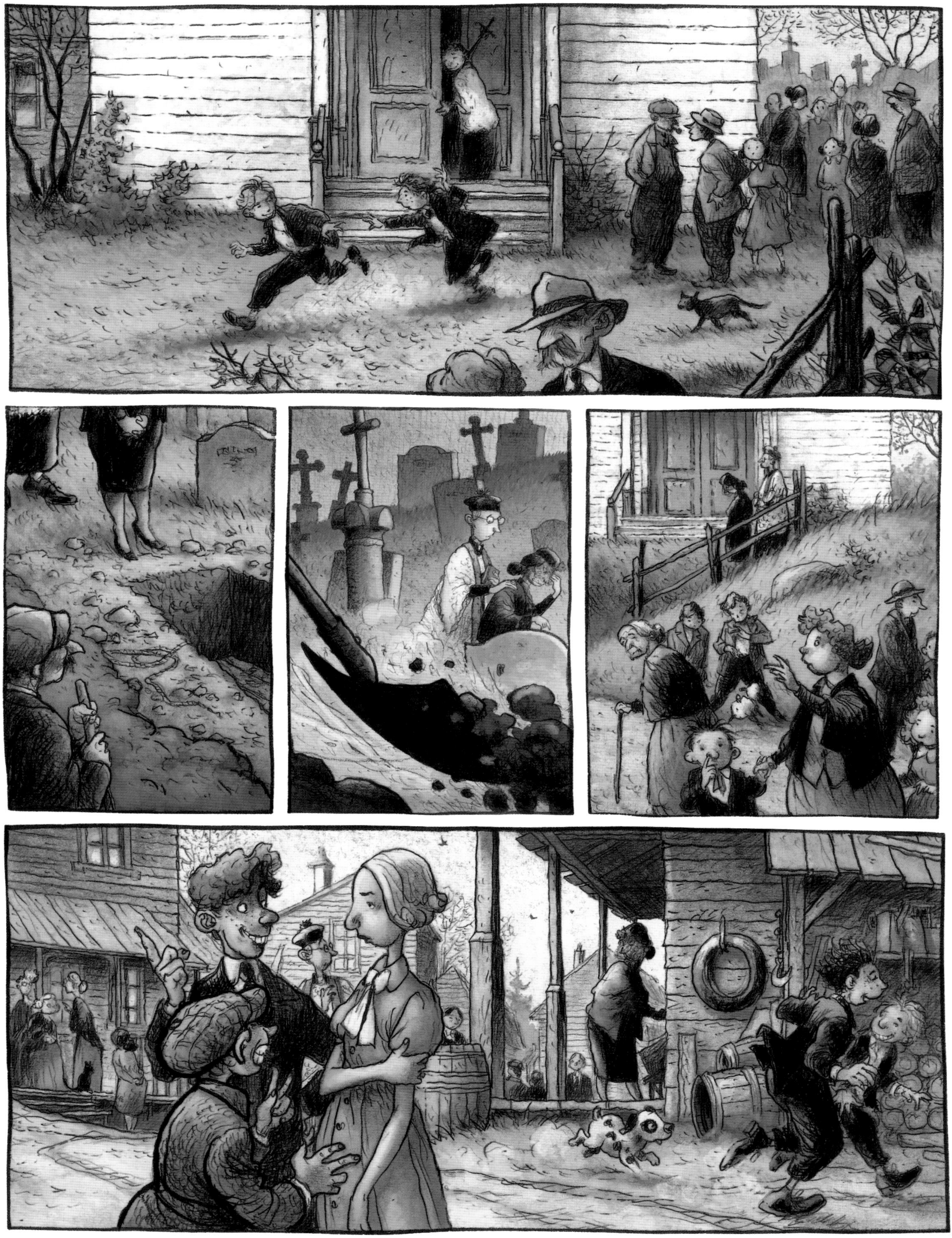

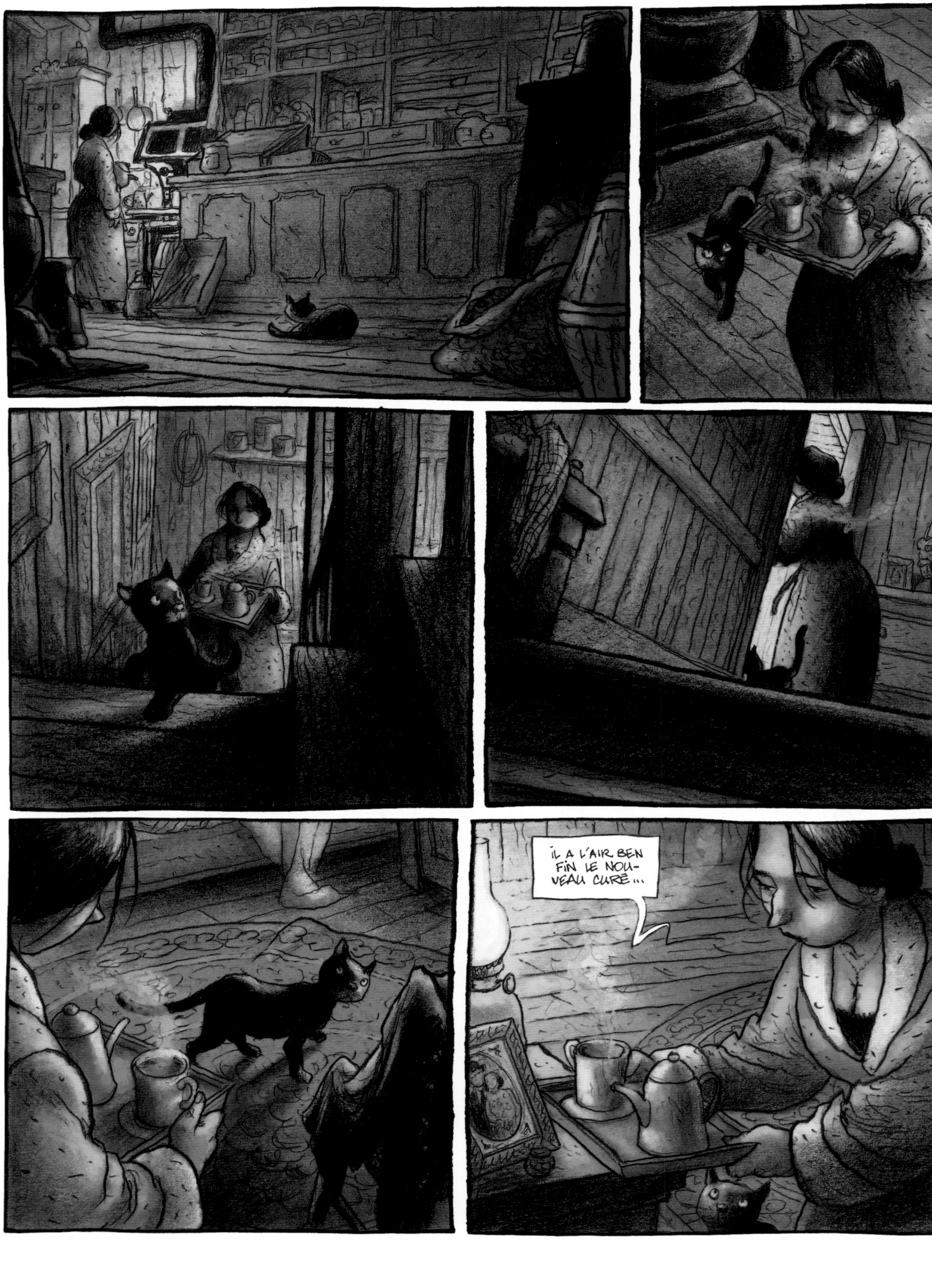
IL A L'AIR BEN FIN LE NOUVEAU CURÉ...

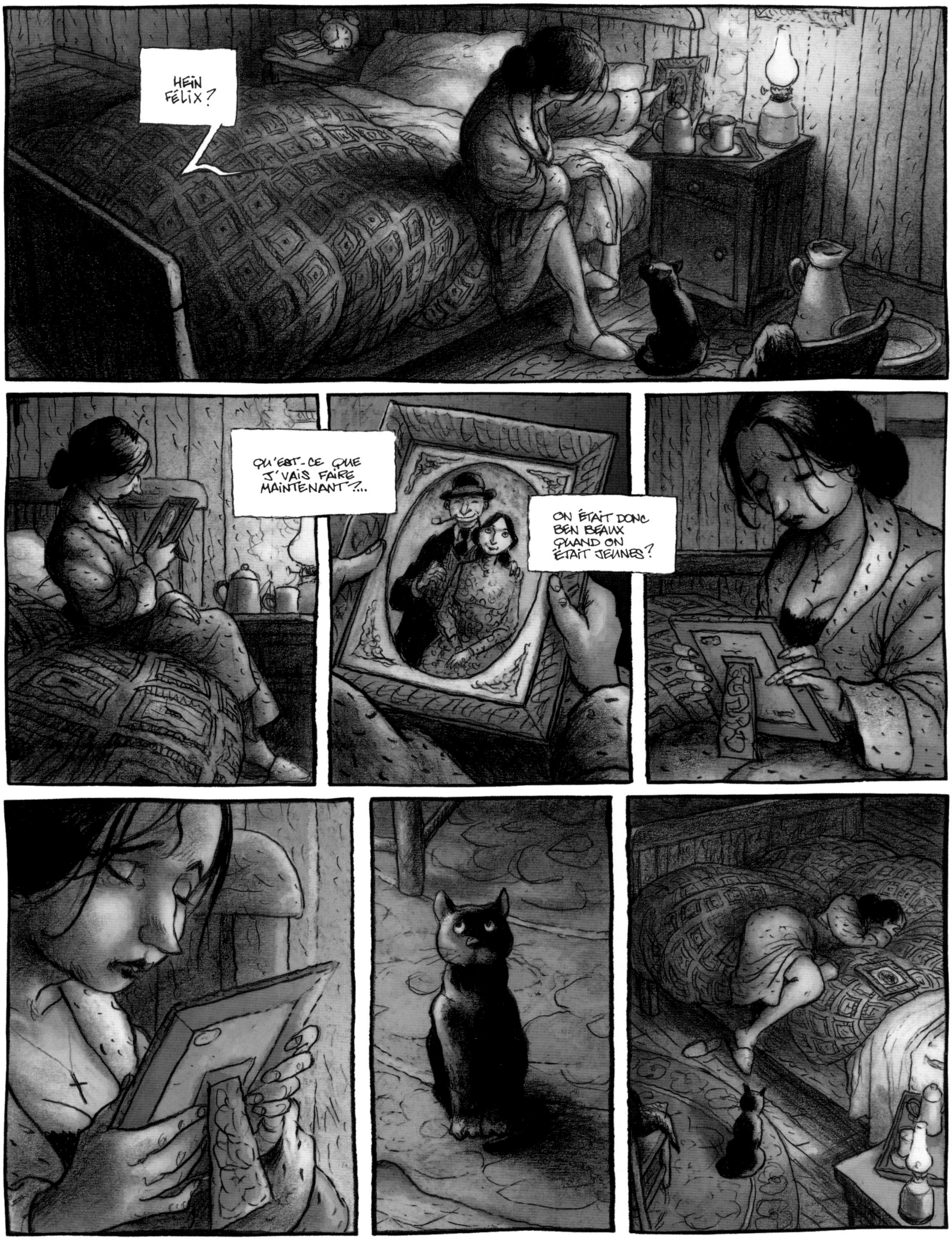
HEIN FÉLIX ?
QU'EST-CE QUE J'VAIS FAIRE MAINTENANT ?...
ON ÉTAIT DONC BEN BEAUX QUAND ON ÉTAIT JEUNES ?

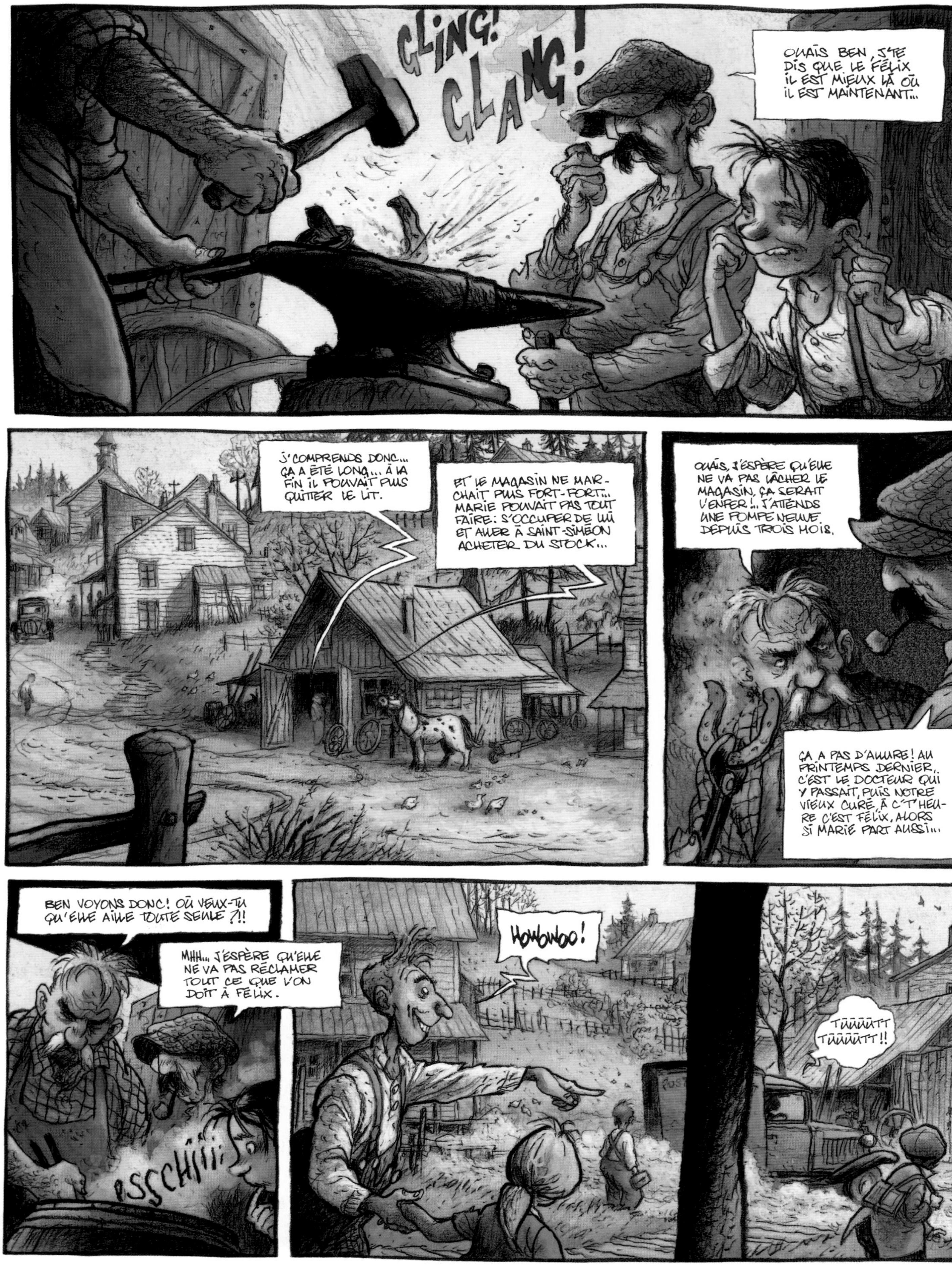
CLING! CLANG!
OUAIS BEN, S'TE DIS QUE LE FÉLIX IL EST MIEUX LÀ OÙ IL EST MAINTENANT...
J'COMPRENDS DONC... ÇA A ÉTÉ LONG... À LA FIN IL POUVAIT PUIS QUITTER LE LIT.
ET LE MAGASIN NE MARCHAIT PUIS FORT-FORT... MARIE POUVAIT PAS TOUT FAIRE : S'OCCUPER DE LUI ET ALLER À SAINT-SIMÉON ACHETER DU STOCK...
OUAIS, J'ESPÈRE QU'ELLE NE VA PAS LÂCHER LE MAGASIN, ÇA SERAIT L'ENFER !... J'ATTENDS UNE POMPE NEUVE DEPUIS TROIS MOIS.
ÇA A PAS D'ALLURE ! AU PRINTEMPS DERNIER, C'EST LE DOCTEUR QUI Y PASSAIT, PUIS NOTRE VIEUX CURÉ, À C'T'HEURE C'EST FÉLIX, ALORS SI MARIE PART AUSSI...
BEN VOYONS DONC ! OÙ VEUX-TU QU'ELLE AILLE TOUTE SEULE ?!!
MHH... J'ESPÈRE QU'ELLE NE VA PAS RÉCLAMER TOUT CE QUE L'ON DOIT À FÉLIX.
PSSCHIII
HOWOWOO!
TÛÛÛÛTT TÛÛÛÛTT!!

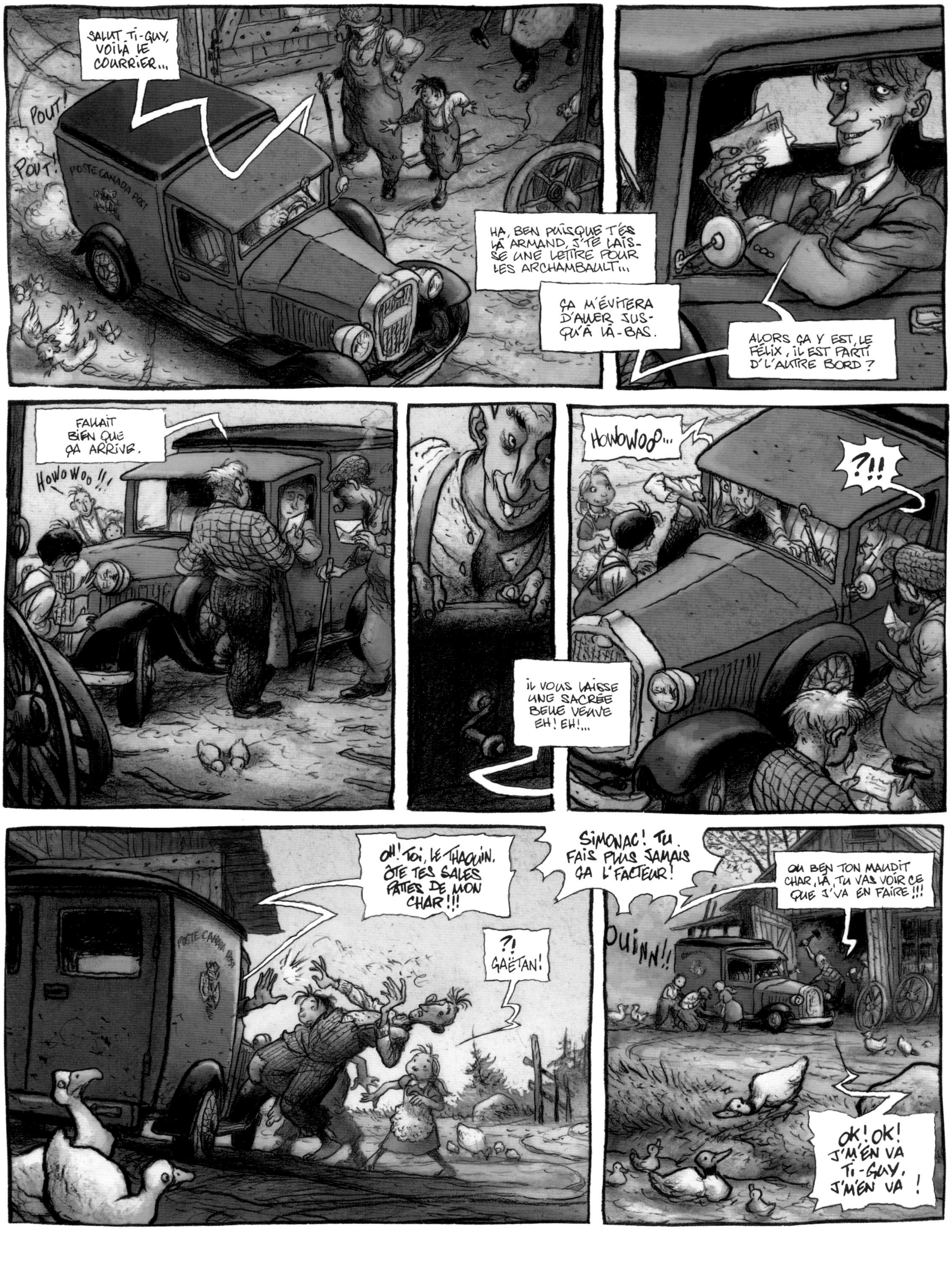
SALUT TI-GUY, VOILÀ LE COURRIER...
POUT!
POUT!
POSTE CANADA POST
HA, BEN PUISQUE T'ES LÀ ARMAND, J'TE LAISSE UNE LETTRE POUR LES ARCHAMBAULT...
ÇA M'ÉVITERA D'ALLER JUSQU'À LÀ-BAS.
ALORS ÇA Y EST, LE FÉLIX, IL EST PARTI D'L'AUTRE BORD ?
FALLAIT BIEN QUE ÇA ARRIVE.
HOWOWOO!!!
HOWOWOO...
?!!
IL VOUS LAISSE UNE SACRÉE BELLE VEUVE EH! EH!...
OH! TOI, LE THAOUIN, ÔTE TES SALES PATTES DE MON CHAR!!!
?! GAËTAN!
SIMONAC! TU FAIS PLUS JAMAIS ÇA L'FACTEUR!
OU BEN TON MAUDIT CHAR, LÀ, TU VAS VOIR CE QUE J'VA EN FAIRE!!!
OUINN!!
OK! OK! J'M'EN VA TI-GUY, J'M'EN VA !

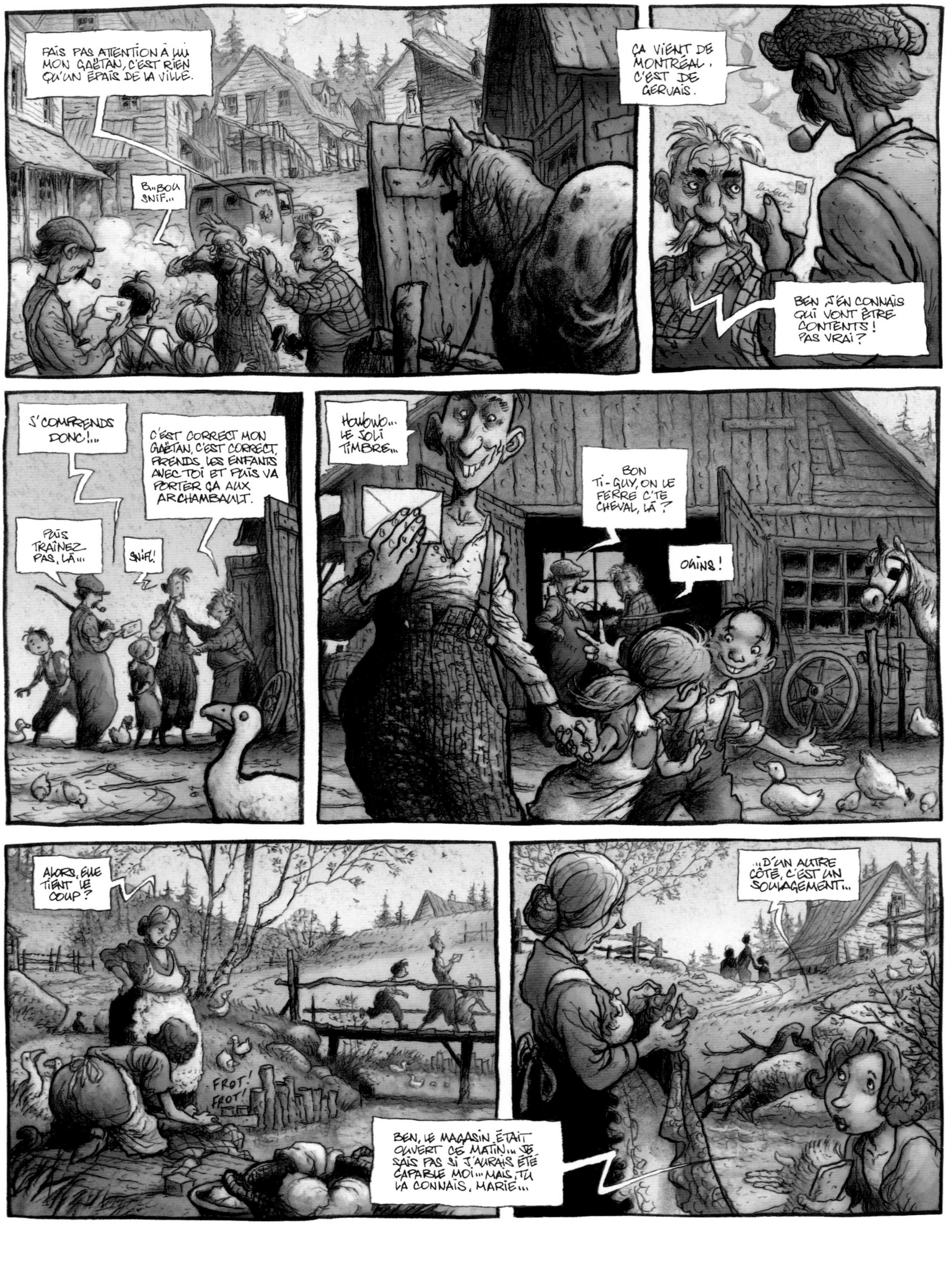
FAIS PAS ATTENTION À LUI MON GAËTAN, C'EST RIEN QU'UN ÉPAIS DE LA VILLE.
B... BOU SNIF...
ÇA VIENT DE MONTRÉAL. C'EST DE GERVAIS.
BEN J'EN CONNAIS QUI VONT ÊTRE CONTENTS ! PAS VRAI ?
S'COMPRENDS DONC !...
C'EST CORRECT MON GAËTAN, C'EST CORRECT, PRENDS LES ENFANTS AVEC TOI ET PUIS VA PORTER ÇA AUX ARCHAMBAULT.
PUIS TRAÎNEZ PAS, LÀ...
SNIF !
HOWOWO... LE JOLI TIMBRE...
BON TI-GUY, ON LE FERRE C'TE CHEVAL, LÀ ?
OUINS !
ALORS, ELLE TIENT LE COUP ?
FROT ! FROT !
...D'UN AUTRE CÔTÉ, C'EST UN SOULAGEMENT...
BEN, LE MAGASIN ÉTAIT OUVERT CE MATIN... JE SAIS PAS SI J'AURAIS ÉTÉ CAPABLE MOI... MAIS, TU LA CONNAIS, MARIE...

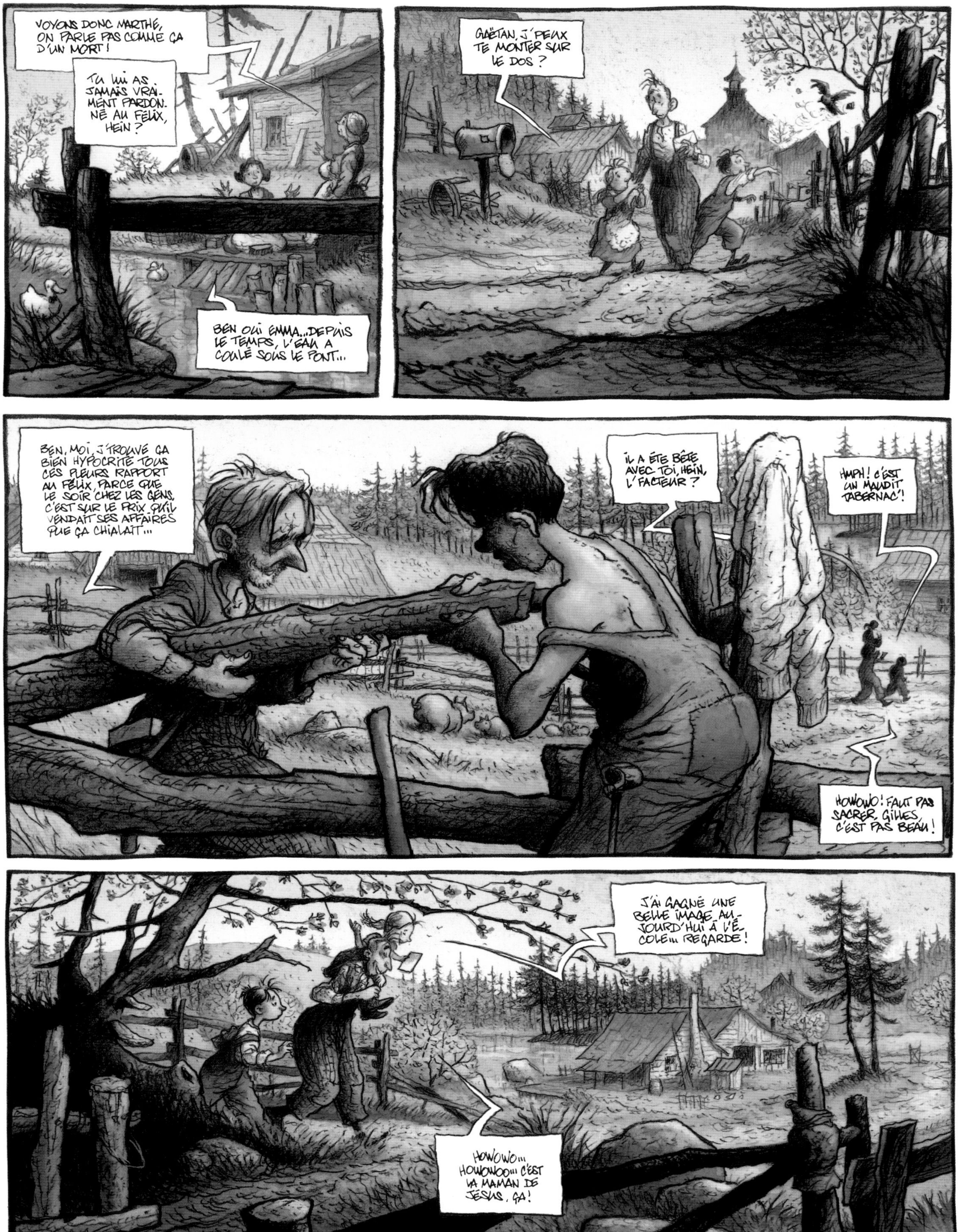
VOYONS DONC MARTHE, ON PARLE PAS COMME ÇA D'UN MORT !
TU LUI AS JAMAIS VRAIMENT PARDONNÉ AU FÉLIX, HEIN ?
BEN OUI EMMA... DEPUIS LE TEMPS, L'EAU A COULÉ SOUS LE PONT...
GAËTAN, J'PEUX TE MONTER SUR LE DOS ?
BEN, MOI, J'TROUVE ÇA BIEN HYPOCRITE TOUS CES PLEURS RAPPORT AU FÉLIX, PARCE QUE LE SOIR CHEZ LES GENS, C'EST SUR LE PRIX QU'IL VENDAIT SES AFFAIRES QUE ÇA CHIALAIT...
IL A ÉTÉ BÊTE AVEC TOI, HEIN, L'FACTEUR ?
HMPH ! C'EST UN MAUDIT TABERNAC' !
HOWOWO ! FAUT PAS SACRER, GILLES, C'EST PAS BEAU !
J'AI GAGNÉ UNE BELLE IMAGE AUJOURD'HUI À L'ÉCOLE... REGARDE !
HOWOWO... HOWOWO... C'EST LA MAMAN DE JÉSUS, ÇA !

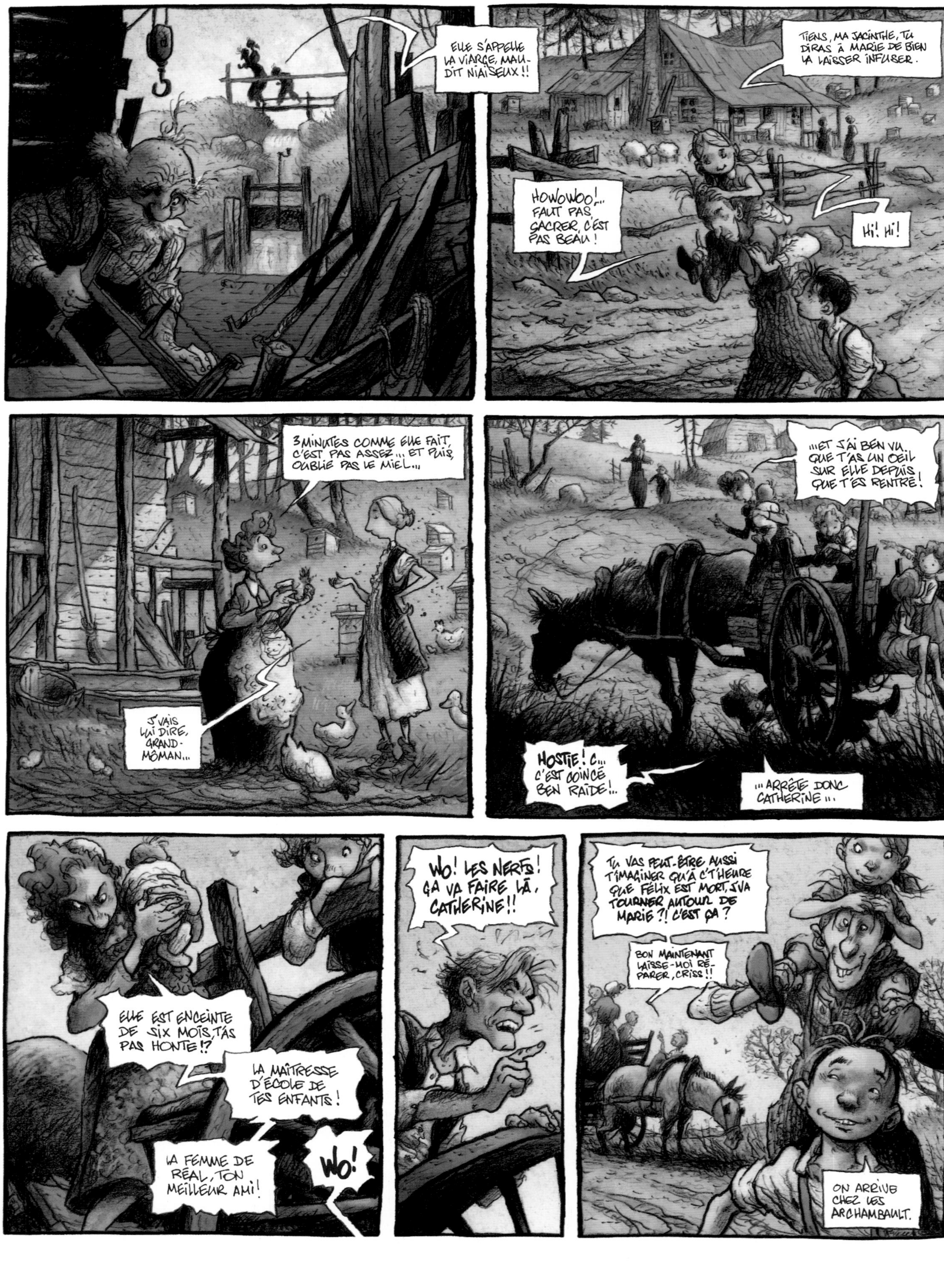
ELLE S'APPELLE LA VIARGE, MAUDIT NIAISEUX !!
TIENS, MA JACINTHE, TU DIRAS À MARIE DE BIEN LA LAISSER INFUSER.
HOWOWOO !... FAUT PAS SACRER, C'EST PAS BEAU !
Hi ! Hi !
3 MINUTES COMME ELLE FAIT, C'EST PAS ASSEZ... ET PUIS, OUBLIE PAS LE MIEL...
J'VAIS LUI DIRE, GRAND-MÔMAN...
...ET J'AI BEN VU QUE T'AS UN OEIL SUR ELLE DEPUIS QUE T'ES RENTRÉ !
HOSTIE ! C... C'EST COINCÉ BEN RAIDE !..
...ARRÊTE DONC CATHERINE...
ELLE EST ENCEINTE DE SIX MOIS, T'AS PAS HONTE !?
LA MAÎTRESSE D'ÉCOLE DE TES ENFANTS !
LA FEMME DE RÉAL, TON MEILLEUR AMI !
WO !
WO ! LES NERFS ! ÇA VA FAIRE LÀ, CATHERINE !!
TU VAS PEUT-ÊTRE AUSSI T'IMAGINER QU'À C'T'HEURE QUE FÉLIX EST MORT, J'VA TOURNER AUTOUR DE MARIE ?! C'EST ÇA ?
BON MAINTENANT LAISSE-MOI RÉPARER, CRISS !!
ON ARRIVE CHEZ LES ARCHAMBAULT.

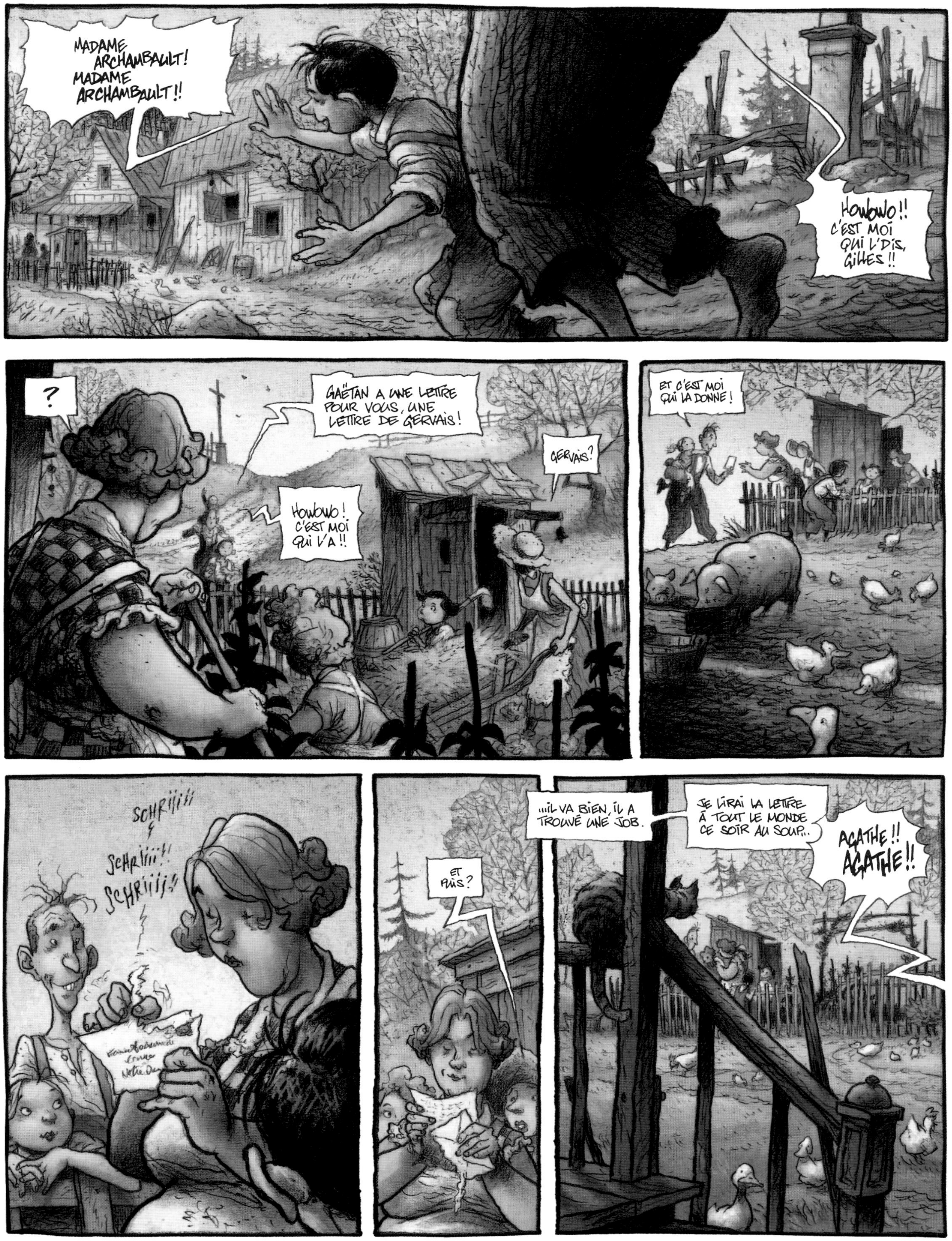
MADAME ARCHAMBAULT! MADAME ARCHAMBAULT!!
HOWOWO!! C'EST MOI QUI L'DIS, GILLES!!
?
GAËTAN A UNE LETTRE POUR VOUS, UNE LETTRE DE GERVAIS!
HOWOWO! C'EST MOI QUI L'A!!
GERVAIS?
ET C'EST MOI QUI LA DONNE!
SCHRiiii!
SCHRiiii!!
SCHRiiii!!
ET PUIS?
...IL VA BIEN, IL A TROUVÉ UNE JOB.
JE LIRAI LA LETTRE À TOUT LE MONDE CE SOIR AU SOUP...
AGATHE!! AGATHE!!

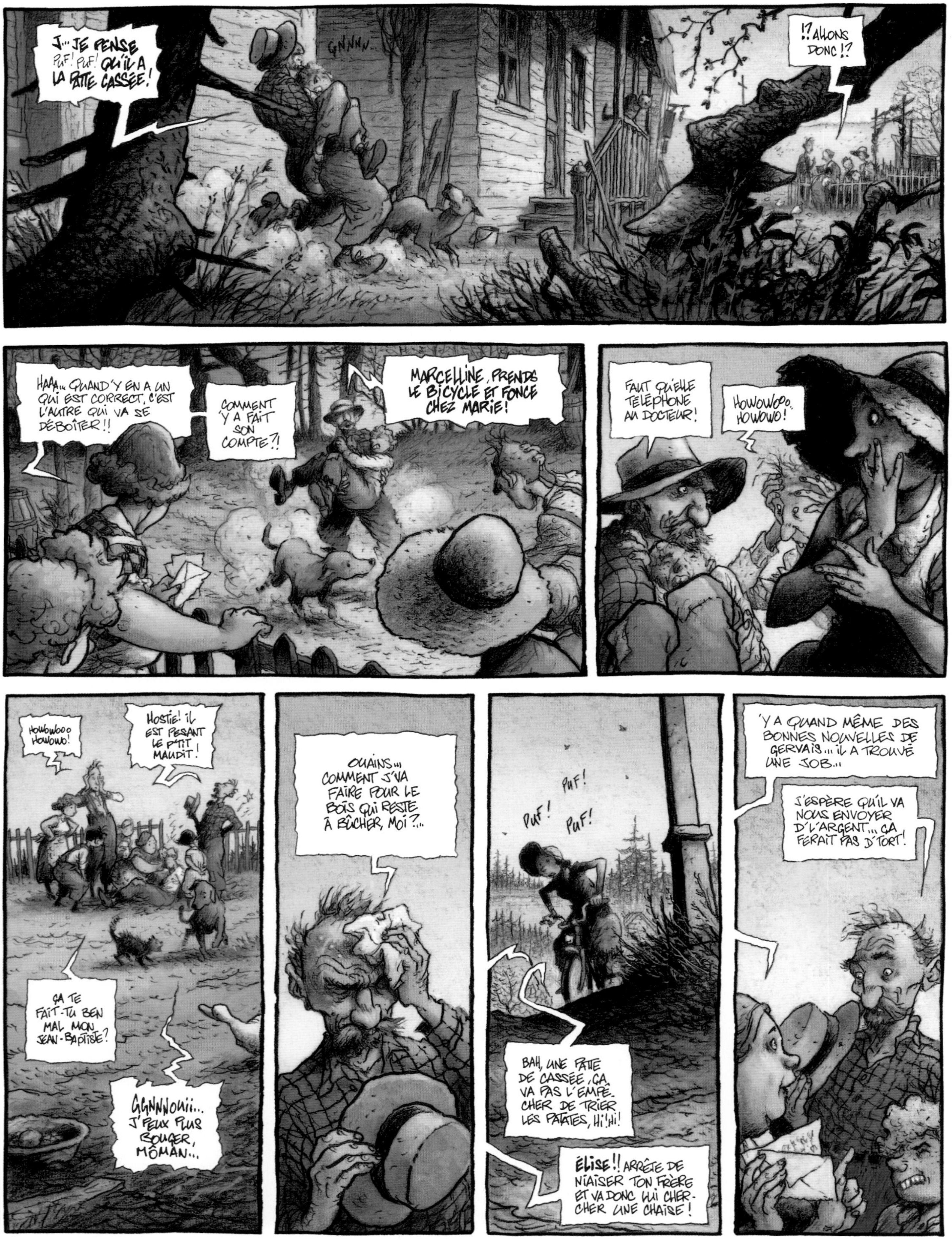
J... JE PENSE PUF! PUF! QU'IL A LA PATTE CASSÉE!
GNNNN...
!? ALLONS DONC !?
HAAA... QUAND 'Y EN A UN QUI EST CORRECT, C'EST L'AUTRE QUI VA SE DÉBOÎTER !!
COMMENT 'Y A FAIT SON COMPTE ?!
MARCELLINE, PRENDS LE BICYCLE ET FONCE CHEZ MARIE!
FAUT QU'ELLE TÉLÉPHONE AU DOCTEUR!
HOWOWOOO. HOWOWO!
HOWOWOOO HOWOWO!
HOSTIE! IL EST PESANT LE P'TIT MAUDIT!
ÇA TE FAIT-TU BEN MAL MON JEAN-BAPTISTE?
GGNNNOUII... J'PEUX PLUS BOUGER, MÔMAN...
OUAINS... COMMENT J'VA FAIRE POUR LE BOIS QUI RESTE À BÛCHER, MOI ?...
PUF!
PUF!
PUF!
BAH, UNE PATTE DE CASSÉE, ÇA VA PAS L'EMPÊCHER DE TRIER LES PATATES, HI! HI!
ÉLISE!! ARRÊTE DE NIAISER TON FRÈRE ET VA DONC LUI CHERCHER UNE CHAISE!
'Y A QUAND MÊME DES BONNES NOUVELLES DE GERVAIS... IL A TROUVÉ UNE JOB...
J'ESPÈRE QU'IL VA NOUS ENVOYER D'L'ARGENT... ÇA FERAIT PAS D'TORT!

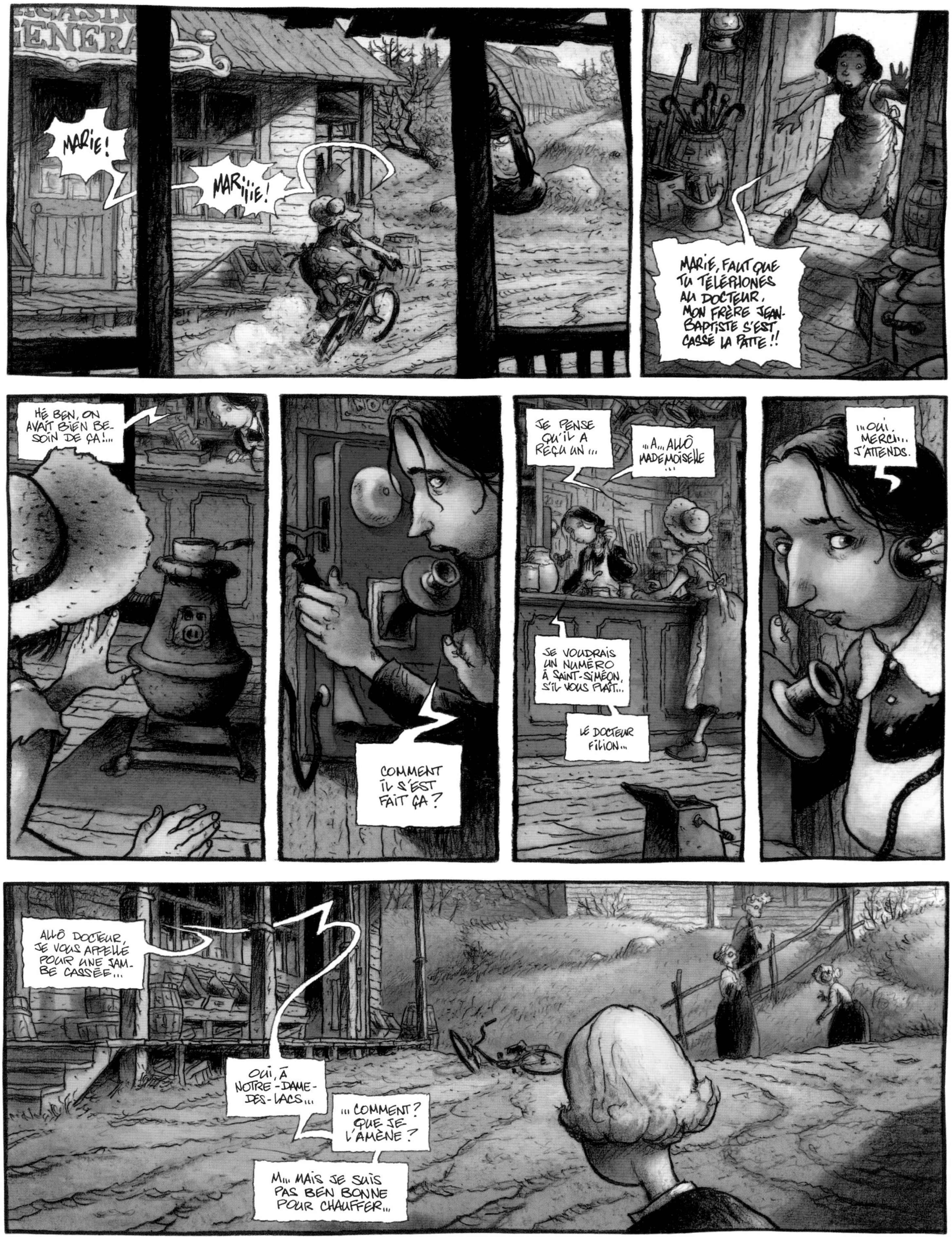
MARIE !
MAR...iiiE !
MARIE, FAUT QUE TU TÉLÉPHONES AU DOCTEUR. MON FRÈRE JEAN-BAPTISTE S'EST CASSÉ LA PATTE !!
HÉ BEN, ON AVAIT BIEN BESOIN DE ÇA !...
COMMENT IL S'EST FAIT ÇA ?
JE PENSE QU'IL A REÇU UN ...
...A... ALLÔ MADEMOISELLE ...
JE VOUDRAIS UN NUMÉRO À SAINT-SIMÉON, S'IL VOUS PLAÎT...
LE DOCTEUR FILION...
...OUI. MERCI... J'ATTENDS.
ALLÔ DOCTEUR, JE VOUS APPELLE POUR UNE JAMBE CASSÉE...
OUI, À NOTRE-DAME-DES-LACS...
... COMMENT ? QUE JE L'AMÈNE ?
M... MAIS JE SUIS PAS BEN BONNE POUR CHAUFFER...

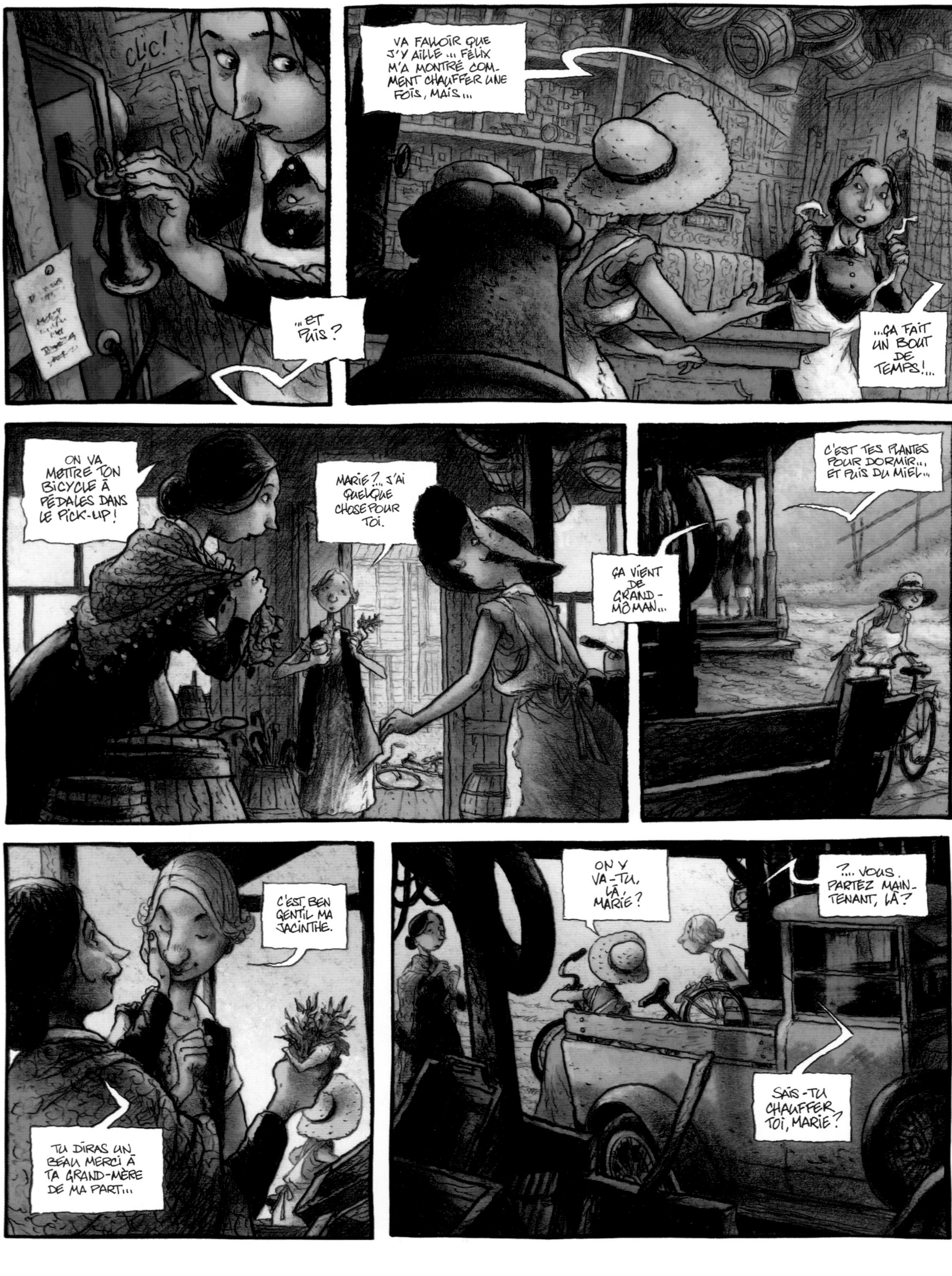
CLIC!
...ET PUIS ?
VA FALLOIR QUE J'Y AILLE ... FÉLIX M'A MONTRÉ COMMENT CHAUFFER UNE FOIS, MAIS...
...ÇA FAIT UN BOUT DE TEMPS!...
ON VA METTRE TON BICYCLE À PÉDALES DANS LE PICK-UP!
MARIE?... J'AI QUELQUE CHOSE POUR TOI.
C'EST TES PLANTES POUR DORMIR... ET PUIS DU MIEL...
ÇA VIENT DE GRAND-MÔMAN...
C'EST BEN GENTIL MA JACINTHE.
TU DIRAS UN BEAU MERCI À TA GRAND-MÈRE DE MA PART...
ON Y VA-TU, LÀ, MARIE?
?... VOUS PARTEZ MAINTENANT, LÀ?
SAIS-TU CHAUFFER, TOI, MARIE?

EUH... J'SUIS PAS SÛRE-SÛRE, MAIS VEUT, VEUT PAS, VA BEN FALLOIR!

LE PAUVRE JEAN-BAPTISTE S'EST CASSÉ LA PATTE: IL FAUT QUE JE L'AMÈNE CHEZ LE DOCTEUR À SAINT-SIMÉON...

!... À SAINT-SIMÉON!?

JE PEUX EMBARQUER AVEC VOUS?

SI LA MACHINE DÉMARRE!... ON VA DEMANDER À TA GRAND-MÈRE SI ELLE VEUT...

BON, J'ESSAYE ENCORE UNE FOIS...

TREUUE!! TEUF!! POUT! TREUUEUUU... PET! TEUF! TEUF! TE

YYÊÊÊ! TU L'AS EUE MARIE!

YES SIR! EMBARQUE MA JACINTHE!

TIENS-TOI BIEN, MARCELLINE, ON PART!

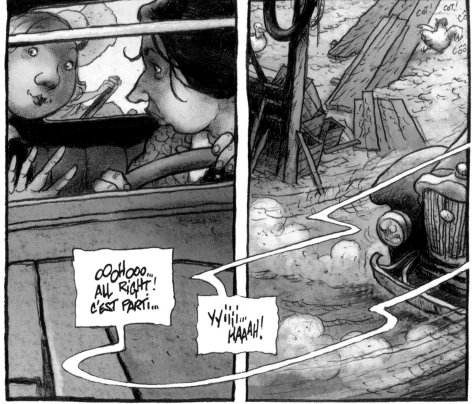

OOOH OOO... ALL RIGHT! C'EST PARTI!...

YYIIII... HAAAH!

COT! COT! CÔ CÔÔ

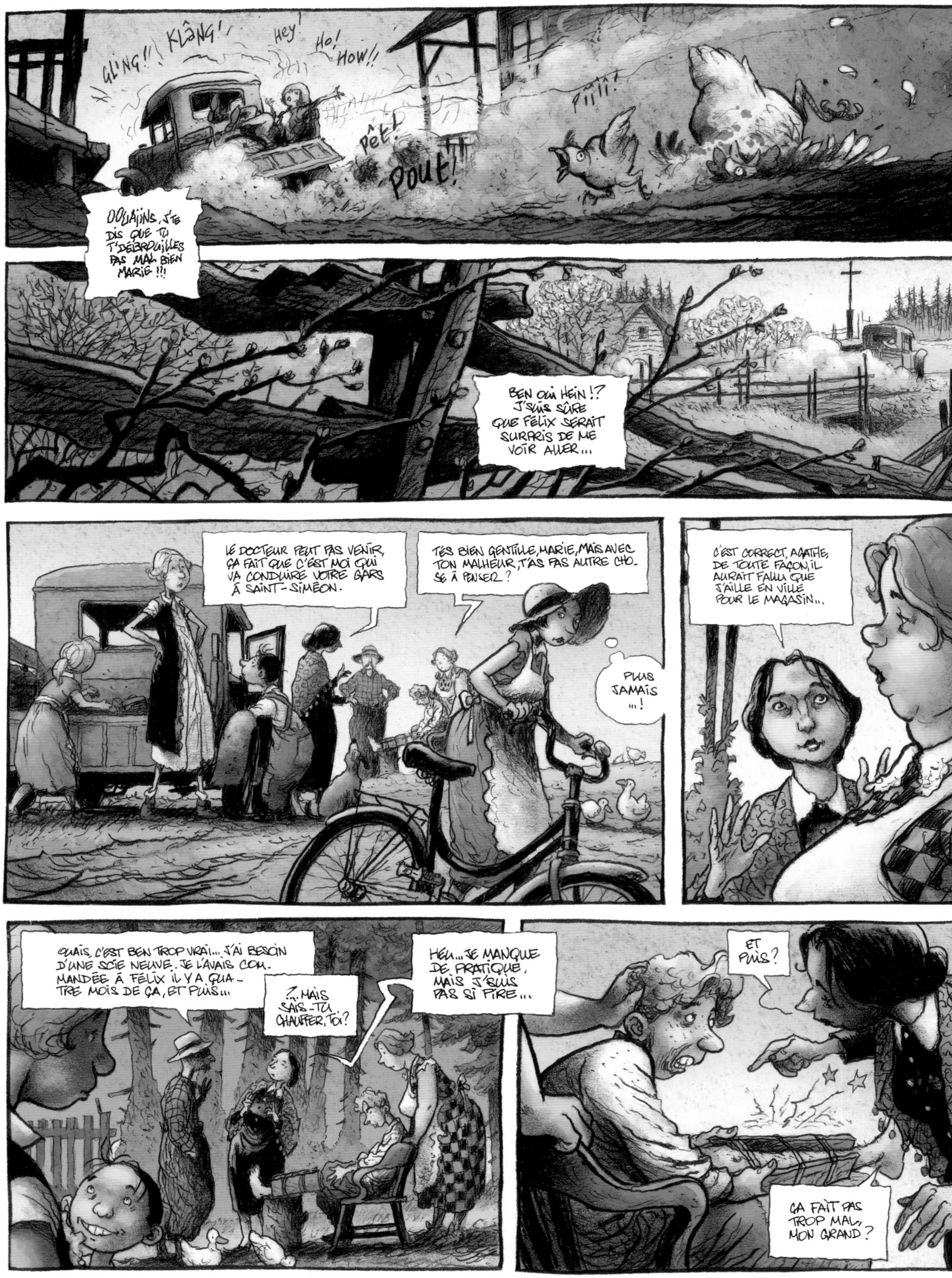
GLING!!
KLÂNG!
Hey!
Ho! HOW!!
PÊT!
POUT!
PIIIII!
OOUAIIINS, J'TE DIS QUE TU T'DÉBROUILLES PAS MAL BIEN MARIE !!!
BEN OUI HEIN !? J'SUIS SÛRE QUE FÉLIX SERAIT SURPRIS DE ME VOIR ALLER...
LE DOCTEUR PEUT PAS VENIR, ÇA FAIT QUE C'EST MOI QUI VA CONDUIRE VOTRE GARS À SAINT-SIMÉON.
T'ES BIEN GENTILLE, MARIE, MAIS AVEC TON MALHEUR, T'AS PAS AUTRE CHOSE À PENSER ?
PLUS JAMAIS ...!
C'EST CORRECT, AGATHE, DE TOUTE FAÇON, IL AURAIT FALLU QUE J'AILLE EN VILLE POUR LE MAGASIN...
OUAIS, C'EST BEN TROP VRAI... J'AI BESOIN D'UNE SCIE NEUVE. JE L'AVAIS COMMANDÉE À FÉLIX IL Y A QUATRE MOIS DE ÇA, ET PUIS...
?...MAIS SAIS-TU CHAUFFER, TOI?
HEU... JE MANQUE DE PRATIQUE, MAIS J'SUIS PAS SI PIRE...
ET PUIS ?
ÇA FAIT PAS TROP MAL, MON GRAND ?

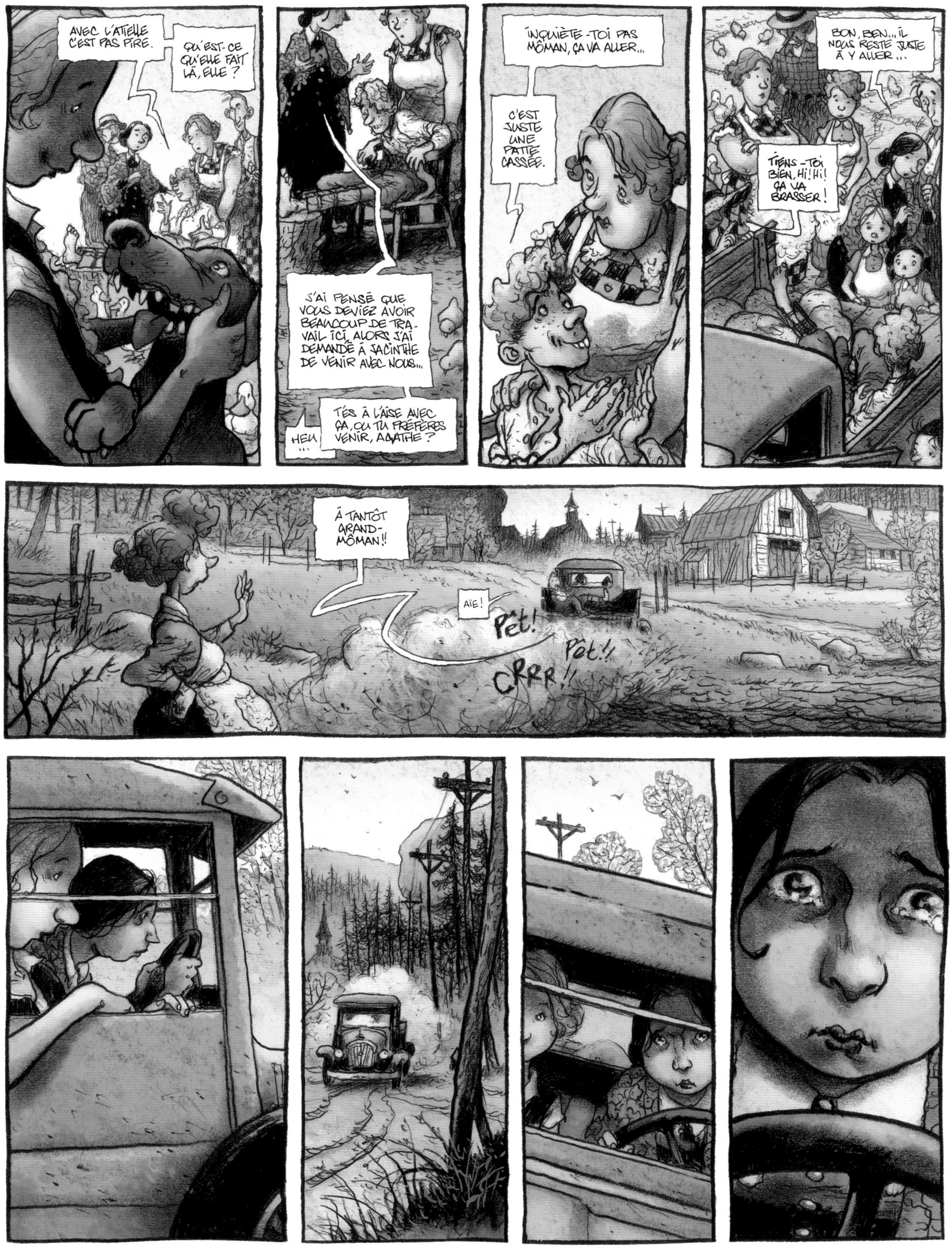
AVEC L'ATTELLE C'EST PAS PIRE.
QU'EST-CE QU'ELLE FAIT LÀ, ELLE ?
J'AI PENSÉ QUE VOUS DEVIEZ AVOIR BEAUCOUP DE TRAVAIL ICI, ALORS J'AI DEMANDÉ À JACINTHE DE VENIR AVEC NOUS...
T'ES À L'AISE AVEC ÇA, OU TU PRÉFÈRES VENIR, AGATHE ?
HEU ...
INQUIÈTE-TOI PAS MÔMAN, ÇA VA ALLER...
C'EST JUSTE UNE PATTE CASSÉE.
BON, BEN... IL NOUS RESTE JUSTE À Y ALLER...
TIENS-TOI BIEN. HI! HI! ÇA VA BRASSER!
À TANTÔT GRAND-MÔMAN!!
AÏE!
PET!
POT!!
CRRR!!

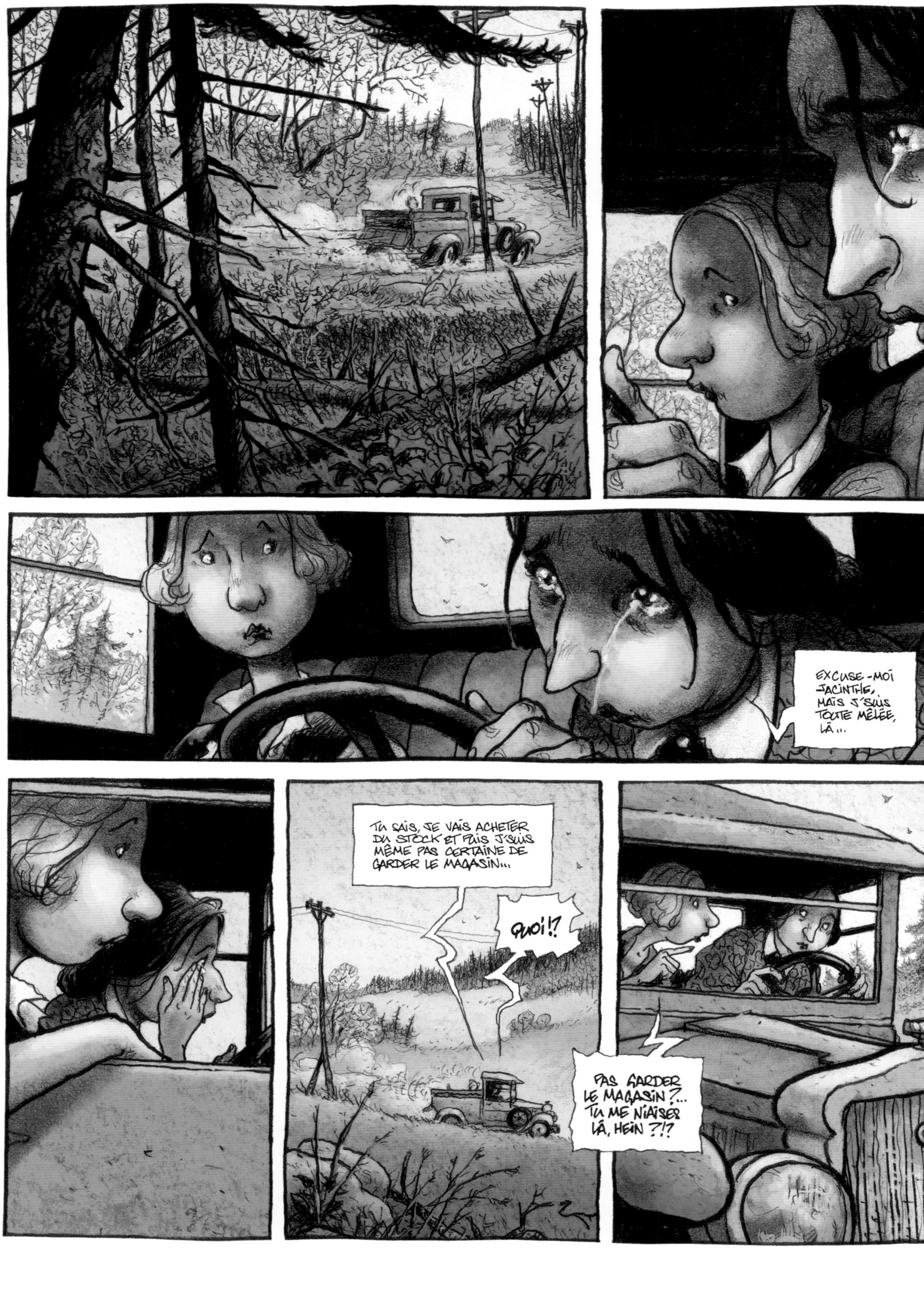
EXCUSE-MOI JACINTHE, MAIS J'SUIS TOUTE MÊLÉE, LÀ...
TU SAIS, JE VAIS ACHETER DU STOCK ET PUIS J'SUIS MÊME PAS CERTAINE DE GARDER LE MAGASIN...
QUOI !?
PAS GARDER LE MAGASIN ?... TU ME NIAISES LÀ, HEIN ?!?

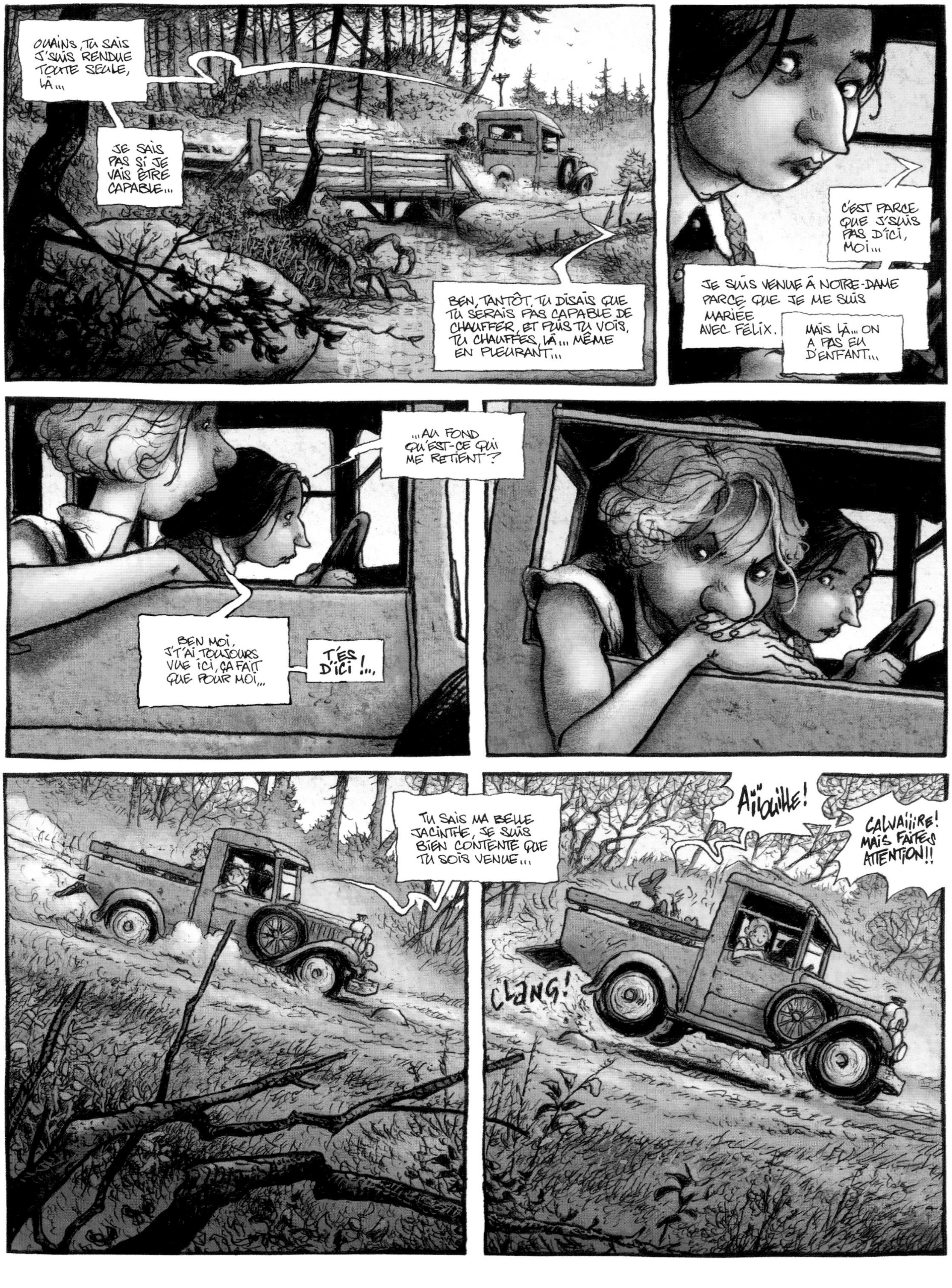
OUAINS, TU SAIS J'SUIS RENDUE TOUTE SEULE, LÀ...
JE SAIS PAS SI JE VAIS ÊTRE CAPABLE...
BEN, TANTÔT, TU DISAIS QUE TU SERAIS PAS CAPABLE DE CHAUFFER, ET PUIS TU VOIS, TU CHAUFFES, LÀ... MÊME EN PLEURANT...
C'EST PARCE QUE J'SUIS PAS D'ICI, MOI...
JE SUIS VENUE À NOTRE-DAME PARCE QUE JE ME SUIS MARIÉE AVEC FÉLIX.
MAIS LÀ... ON A PAS EU D'ENFANT...
...AU FOND QU'EST-CE QUI ME RETIENT ?
BEN MOI, J'T'AI TOUJOURS VUE ICI, ÇA FAIT QUE POUR MOI...
T'ES D'ICI !...
TU SAIS MA BELLE JACINTHE, JE SUIS BIEN CONTENTE QUE TU SOIS VENUE...
AÏOUILLE !
CALVAIIIRE ! MAIS FAITES ATTENTION !!
CLANG !

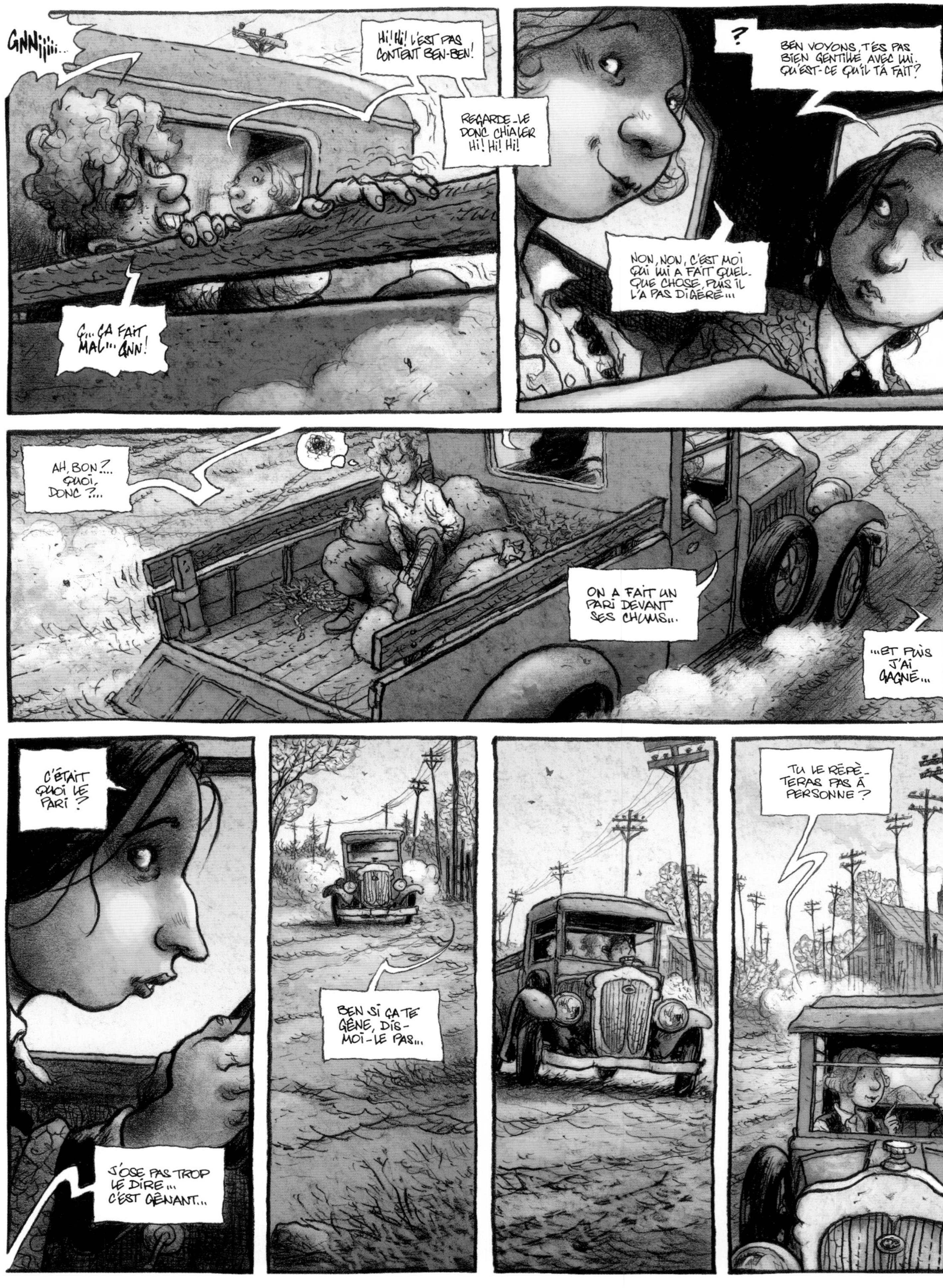
GNNiiiii...
Hi! Hi! C'EST PAS CONTENT BEN-BEN!
REGARDE-LE DONC CHIALER Hi! Hi! Hi!
Ç... ÇA FAIT MAL... GNN!
?
BEN VOYONS, T'ES PAS BIEN GENTILLE AVEC LUI. QU'EST-CE QU'IL T'A FAIT?
NON, NON, C'EST MOI QUI LUI A FAIT QUELQUE CHOSE, PUIS IL L'A PAS DIGÉRÉ...
AH, BON?... QUOI, DONC?...
ON A FAIT UN PARI DEVANT SES CHUMS...
...ET PUIS J'AI GAGNÉ...
C'ÉTAIT QUOI LE PARI?
J'OSE PAS TROP LE DIRE... C'EST GÊNANT...
BEN SI ÇA TE GÊNE, DIS-MOI-LE PAS...
TU LE RÉPÈTERAS PAS À PERSONNE?

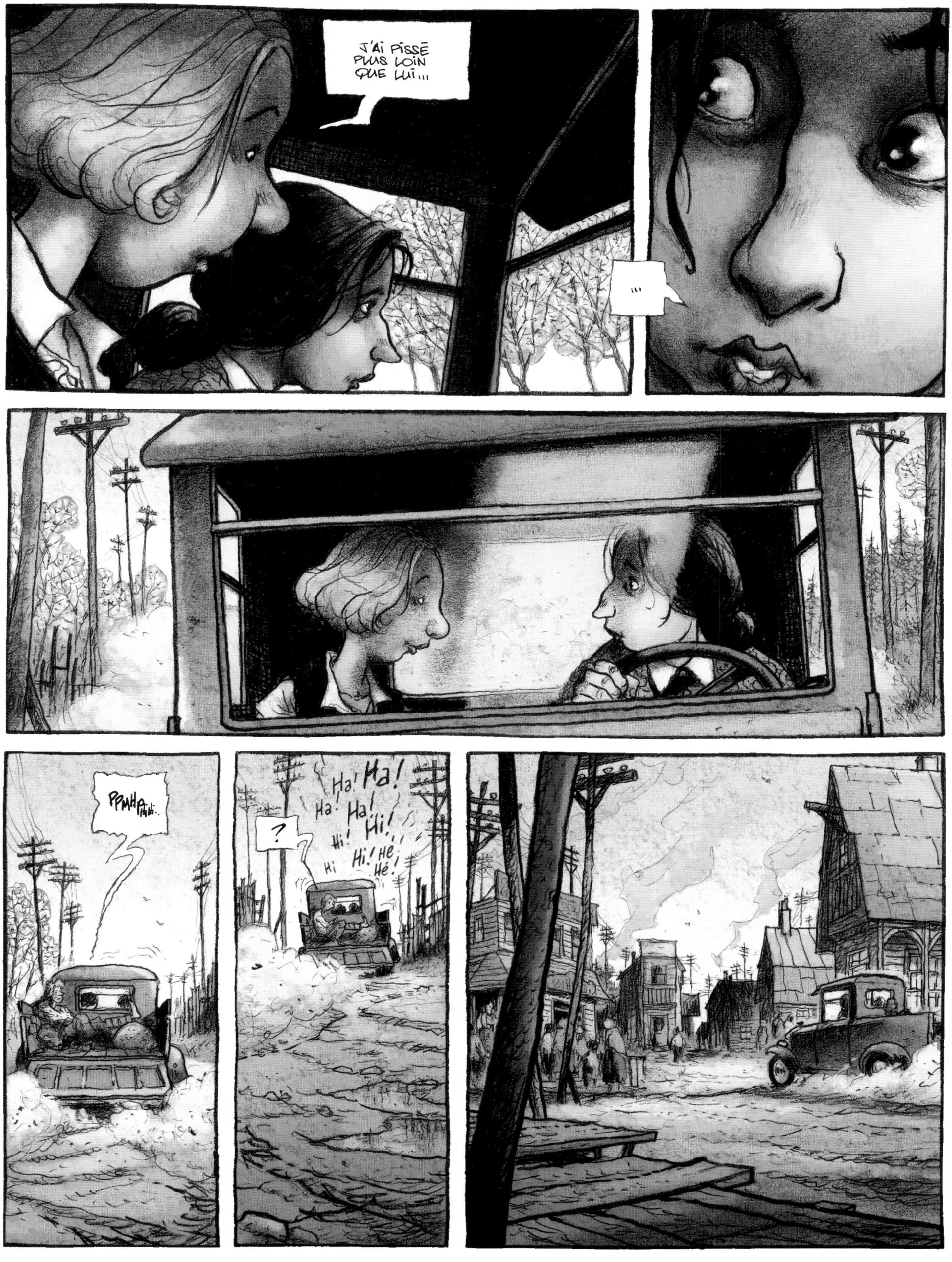
J'AI PISSÉ PLUS LOIN QUE LUI...
...
PPMHPhihi..
?
Ha! Ha!
Ha! Ha!
Hi! Hi!
Hi Hi! Hé! Hé!

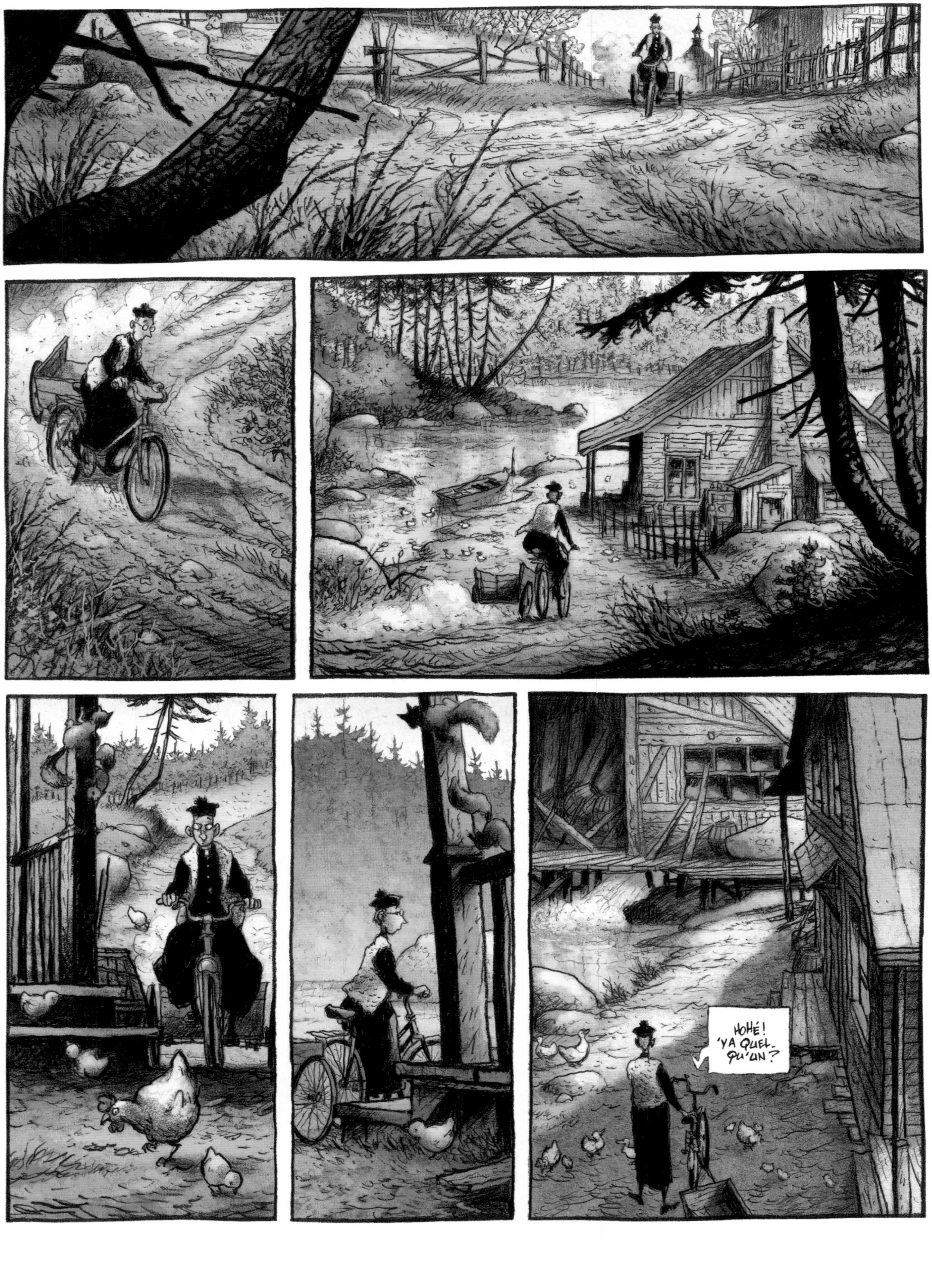
HOHÉ! 'YA QUELQU'UN ?

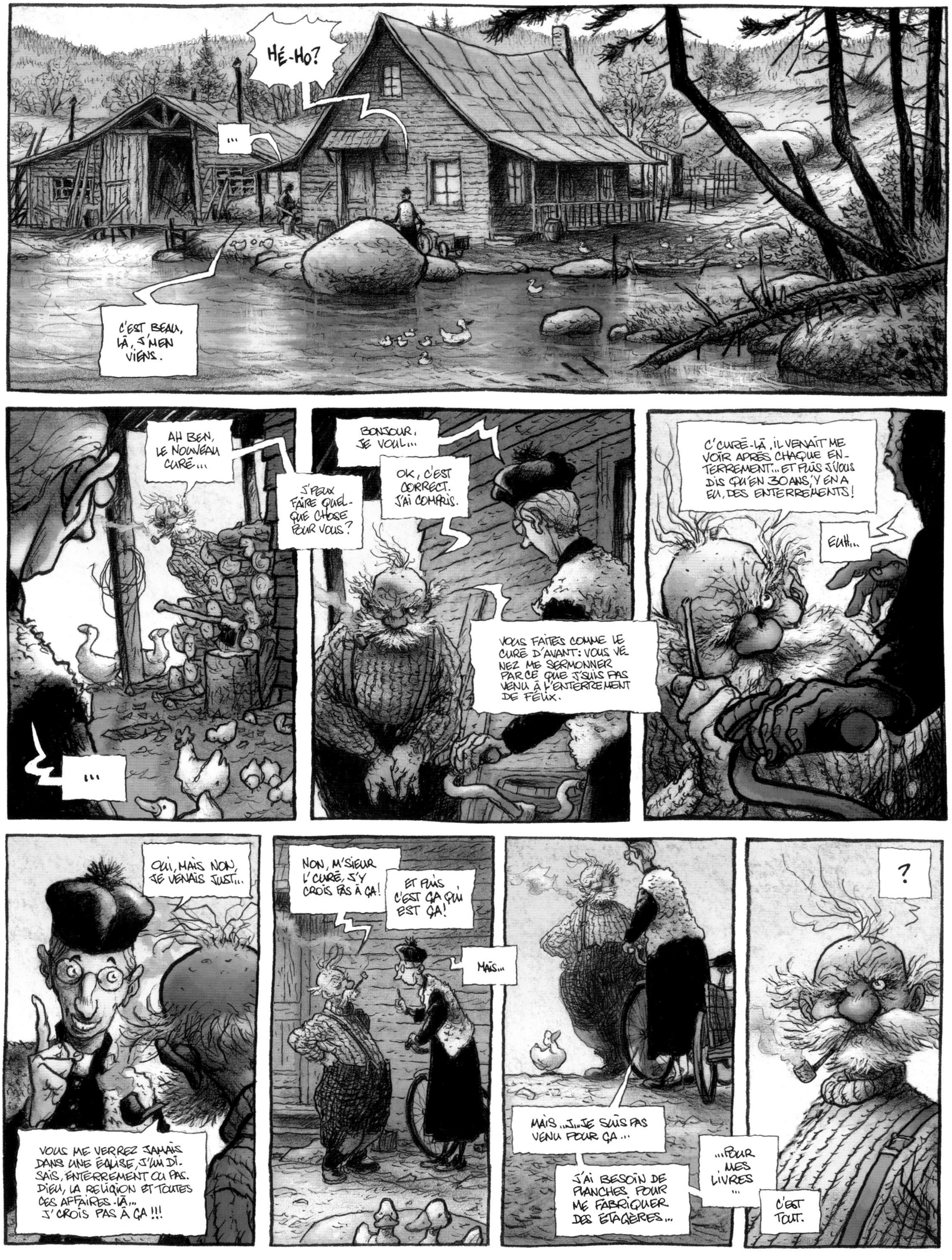

HÉ-HO?
...
C'EST BEAU, LÀ, J'M'EN VIENS.
AH BEN, LE NOUVEAU CURÉ...
J'PEUX FAIRE QUELQUE CHOSE POUR VOUS?
...
BONJOUR, JE VOUL...
OK, C'EST CORRECT. J'AI COMPRIS.
VOUS FAITES COMME LE CURÉ D'AVANT: VOUS VENEZ ME SERMONNER PARCE QUE J'SUIS PAS VENU À L'ENTERREMENT DE FÉLIX.
C'CURÉ-LÀ, IL VENAIT ME VOIR APRÈS CHAQUE ENTERREMENT... ET PIS J'VOUS DIS QU'EN 30 ANS, Y EN A EU, DES ENTERREMENTS!
EUH...
OUI, MAIS NON, JE VENAIS JUST...
VOUS ME VERREZ JAMAIS DANS UNE ÉGLISE, J'LUI DISAIS, ENTERREMENT OU PAS. DIEU, LA RELIGION ET TOUTES CES AFFAIRES-LÀ... J'CROIS PAS À ÇA!!!
NON, M'SIEUR L'CURÉ, J'Y CROIS PAS À ÇA!
ET PIS C'EST ÇA QUI EST ÇA!
MAIS...
MAIS... J... JE SUIS PAS VENU POUR ÇA...
J'AI BESOIN DE PLANCHES POUR ME FABRIQUER DES ÉTAGÈRES...
?
...POUR MES LIVRES...
C'EST TOUT.

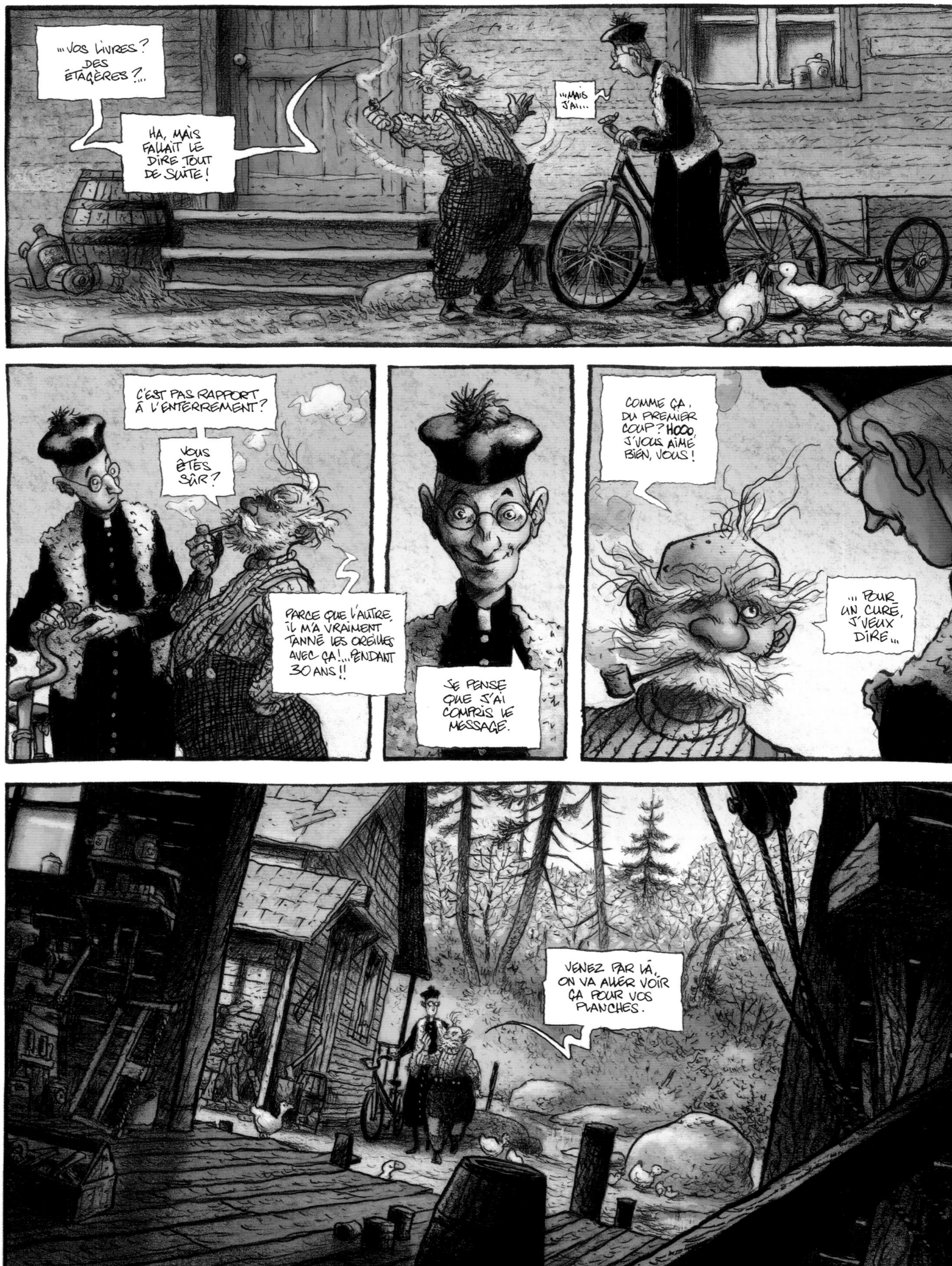
...VOS LIVRES? DES ÉTAGÈRES?...
HA, MAIS FALLAIT LE DIRE TOUT DE SUITE!
...MAIS J'AI...
C'EST PAS RAPPORT À L'ENTERREMENT?
VOUS ÊTES SÛR?
PARCE QUE L'AUTRE, IL M'A VRAIMENT TANNÉ LES OREILLES AVEC ÇA!... PENDANT 30 ANS!!
JE PENSE QUE J'AI COMPRIS LE MESSAGE.
COMME ÇA, DU PREMIER COUP? HOOO, J'VOUS AIME BIEN, VOUS!
... POUR UN CURÉ, J'VEUX DIRE...
VENEZ PAR LÀ, ON VA ALLER VOIR ÇA POUR VOS PLANCHES.

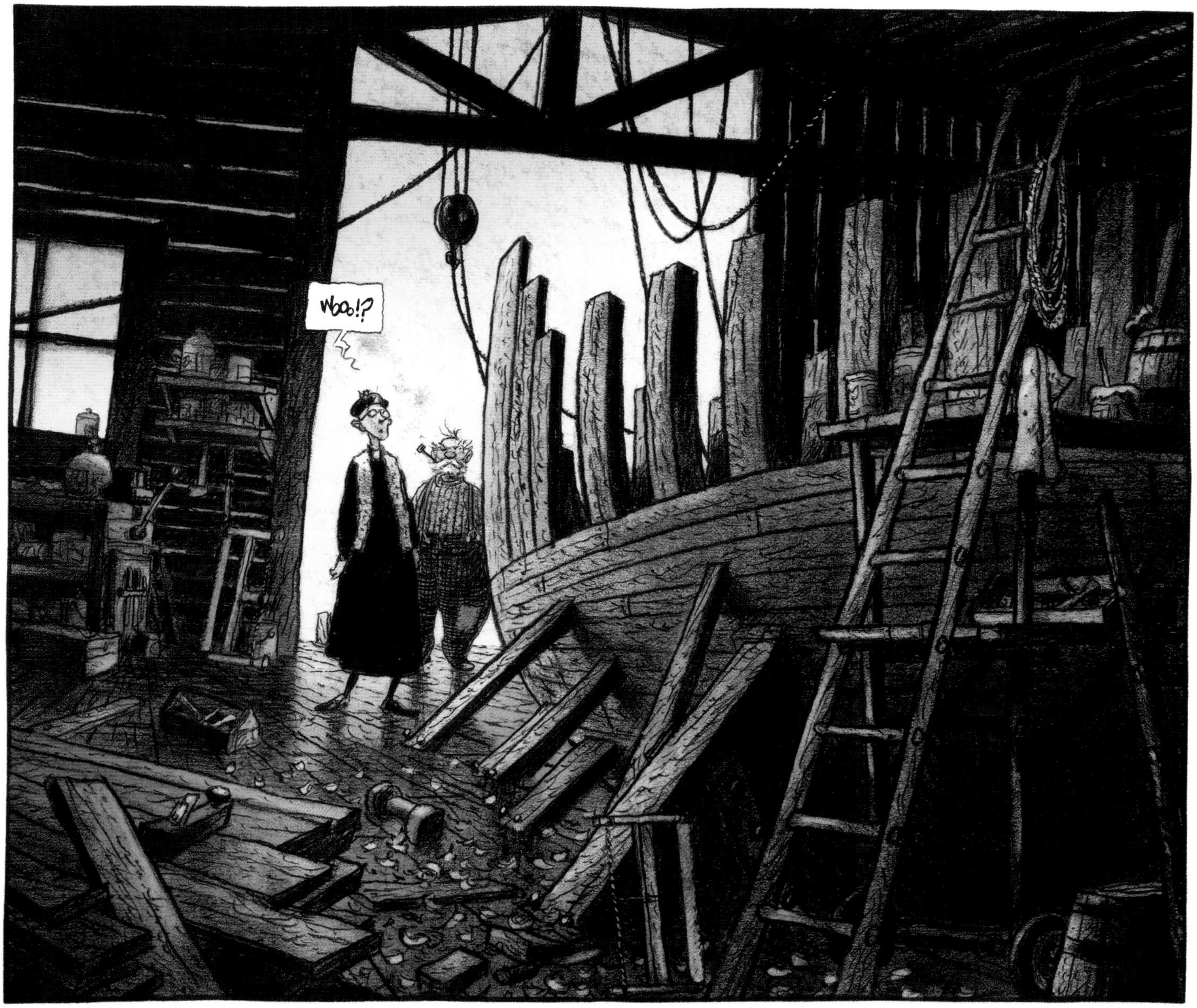
Wooo!?

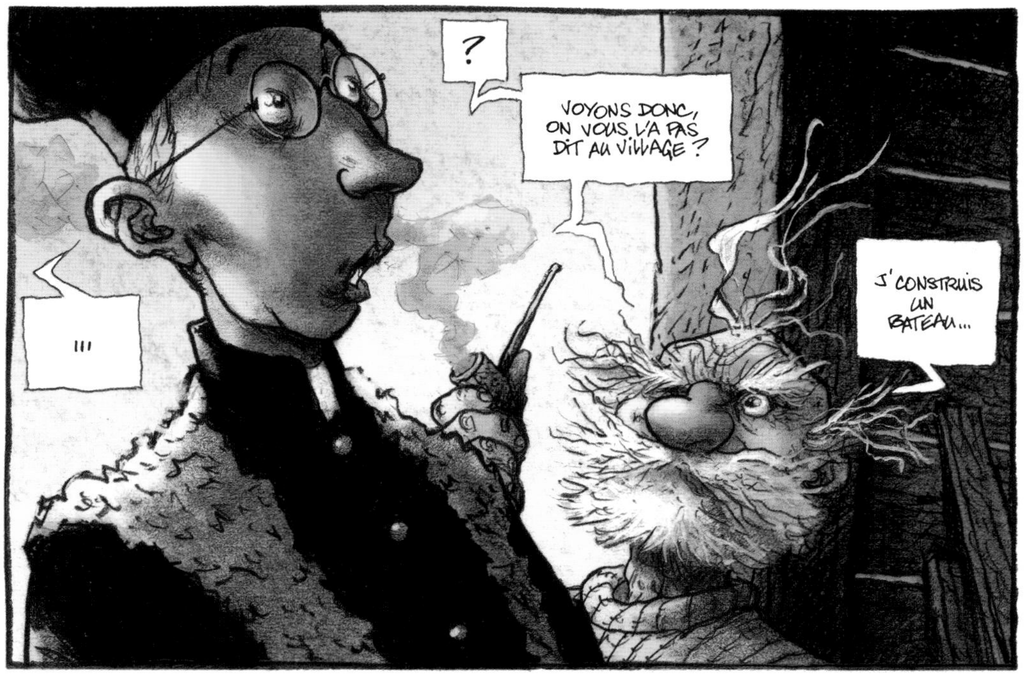
?
VOYONS DONC, ON VOUS L'A PAS DIT AU VILLAGE ?
!!!
J'CONSTRUIS UN BATEAU...

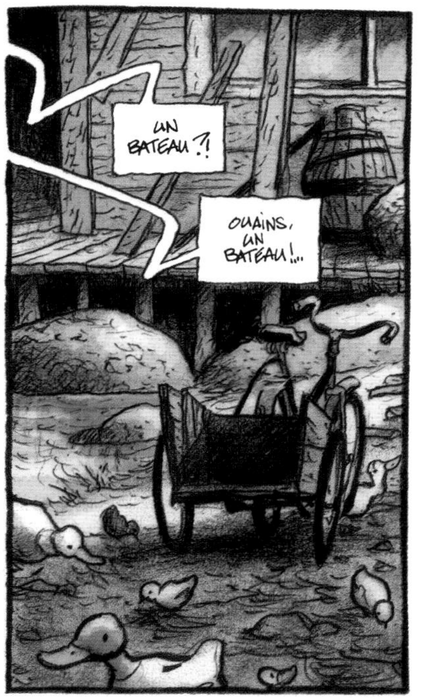
UN BATEAU ?!
OUAINS, UN BATEAU !...

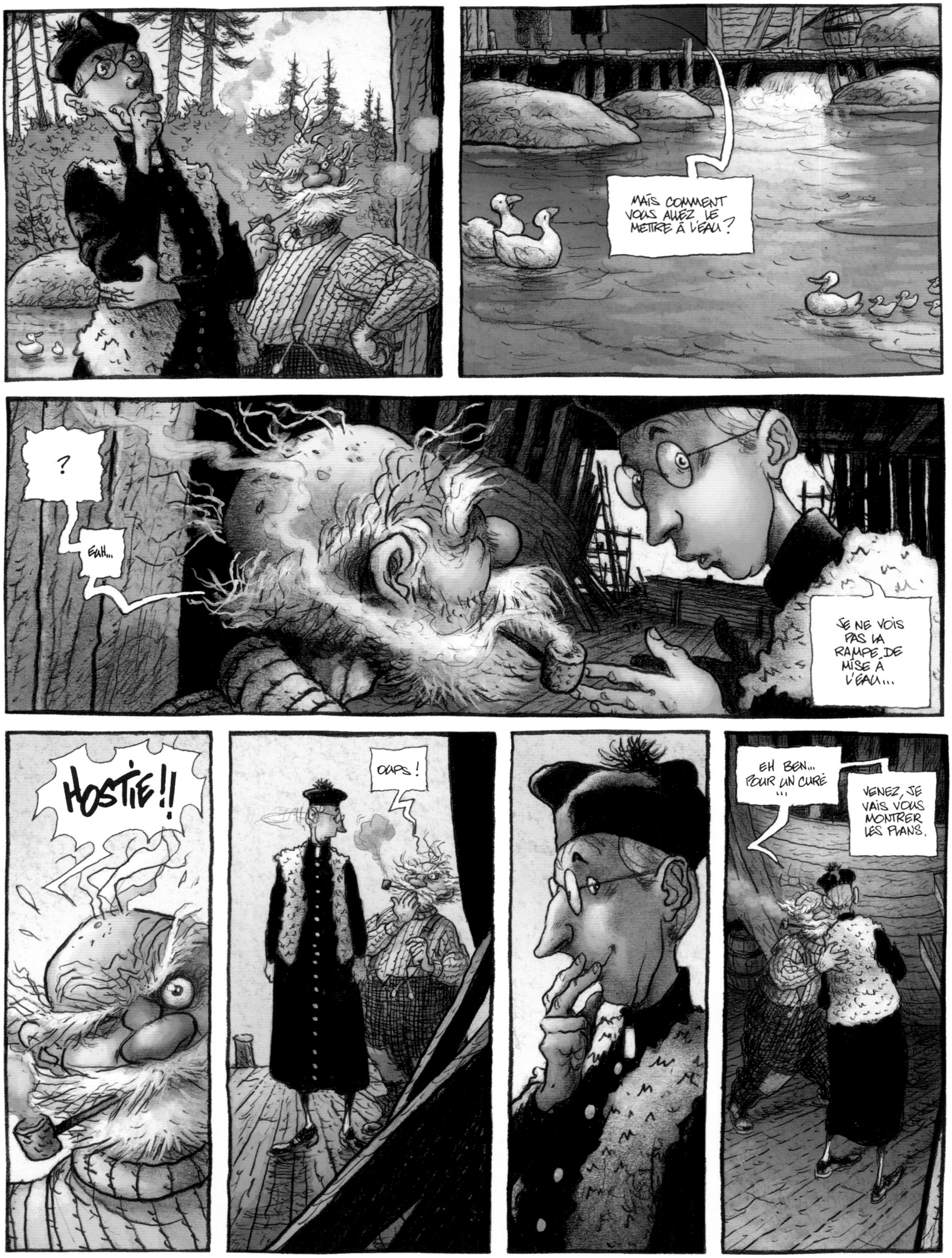
MAÍS COMMENT VOUS ALLEZ LE METTRE À L'EAU ?
?
EUH...
JE NE VOIS PAS LA RAMPE DE MISE À L'EAU...
HOSTIE !!
OUPS !
EH BEN... POUR UN CURÉ ...
VENEZ, JE VAIS VOUS MONTRER LES PLANS.

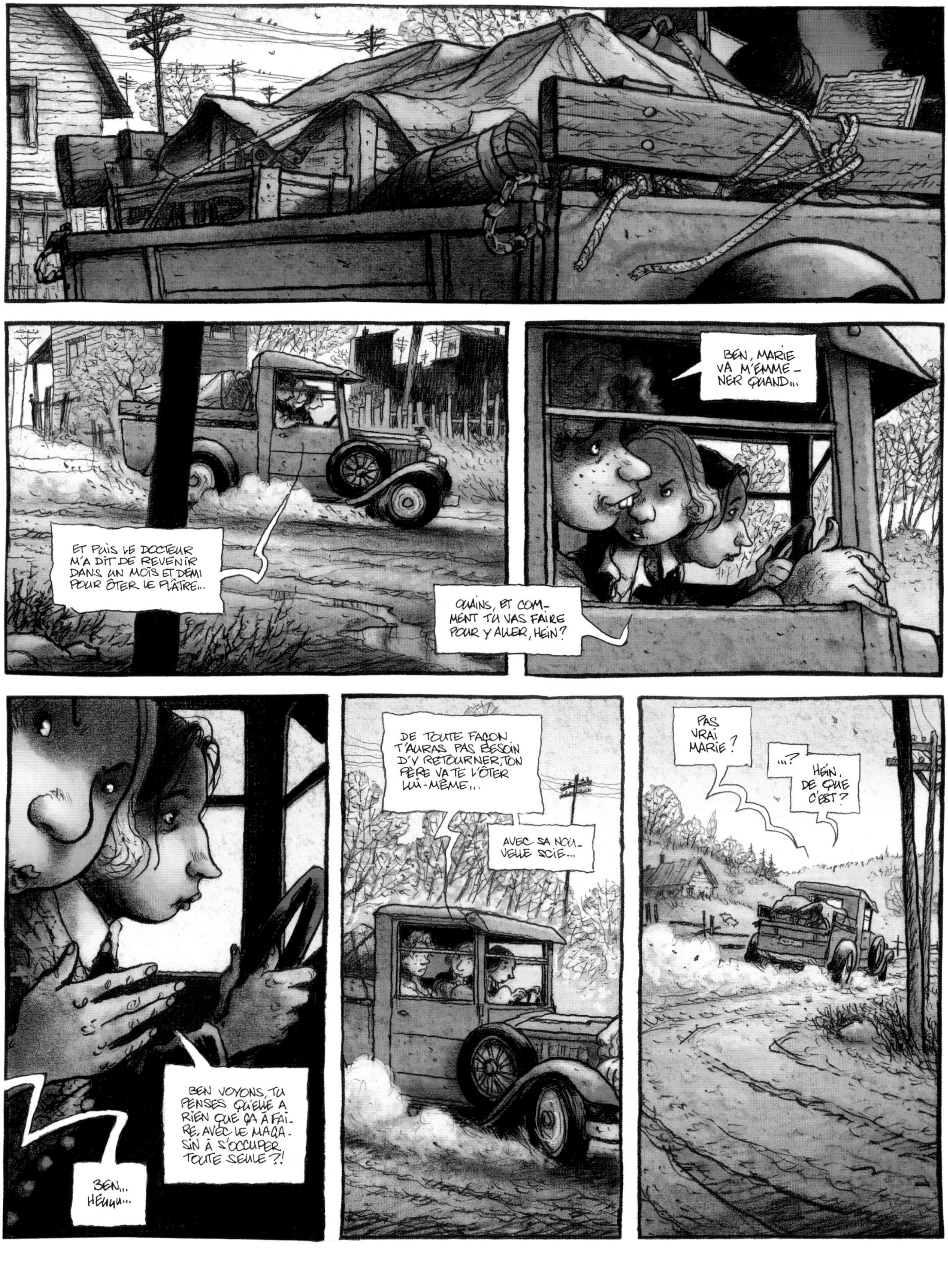
BEN, MARIE VA M'EMMENER QUAND...
ET PUIS LE DOCTEUR M'A DIT DE REVENIR DANS UN MOIS ET DEMI POUR ÔTER LE PLÂTRE...
OUAINS, ET COMMENT TU VAS FAIRE POUR Y ALLER, HEIN?
BEN VOYONS, TU PENSES QU'ELLE A RIEN QUE ÇA À FAIRE, AVEC LE MAGASIN À S'OCCUPER TOUTE SEULE?!
BEN... HEUUU...
DE TOUTE FAÇON T'AURAS PAS BESOIN D'Y RETOURNER, TON PÈRE VA TE L'ÔTER LUI-MÊME...
AVEC SA NOUVELLE SCIE...
PAS VRAI MARIE?
...?
HEIN, DE QUE C'EST?

REGARDEZ-MOI ÇA, CETTE MERVEILLE-LÀ !!
HA, ÇA... POUR UN BATEAU, C'EST UN BATEAU !
MOUAINS, UN MAUDIT BEAU BATEAU !!...
COMME VOUS DITES...
CERTAIN !
MMHHH... CEPENDANT...
J'AI DES CRAINTES ...
?! DES CRAINTES !?
C... COMMENT ÇA DES CRAINTES ?

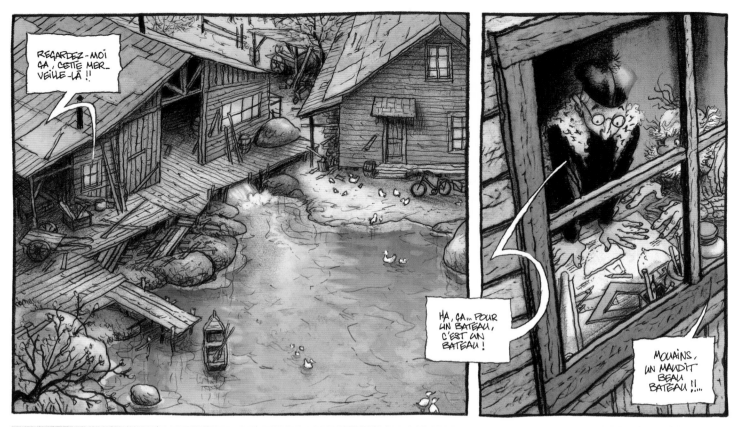

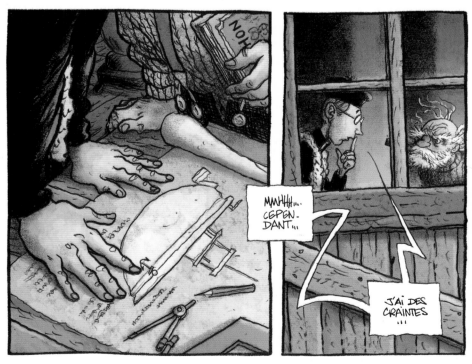

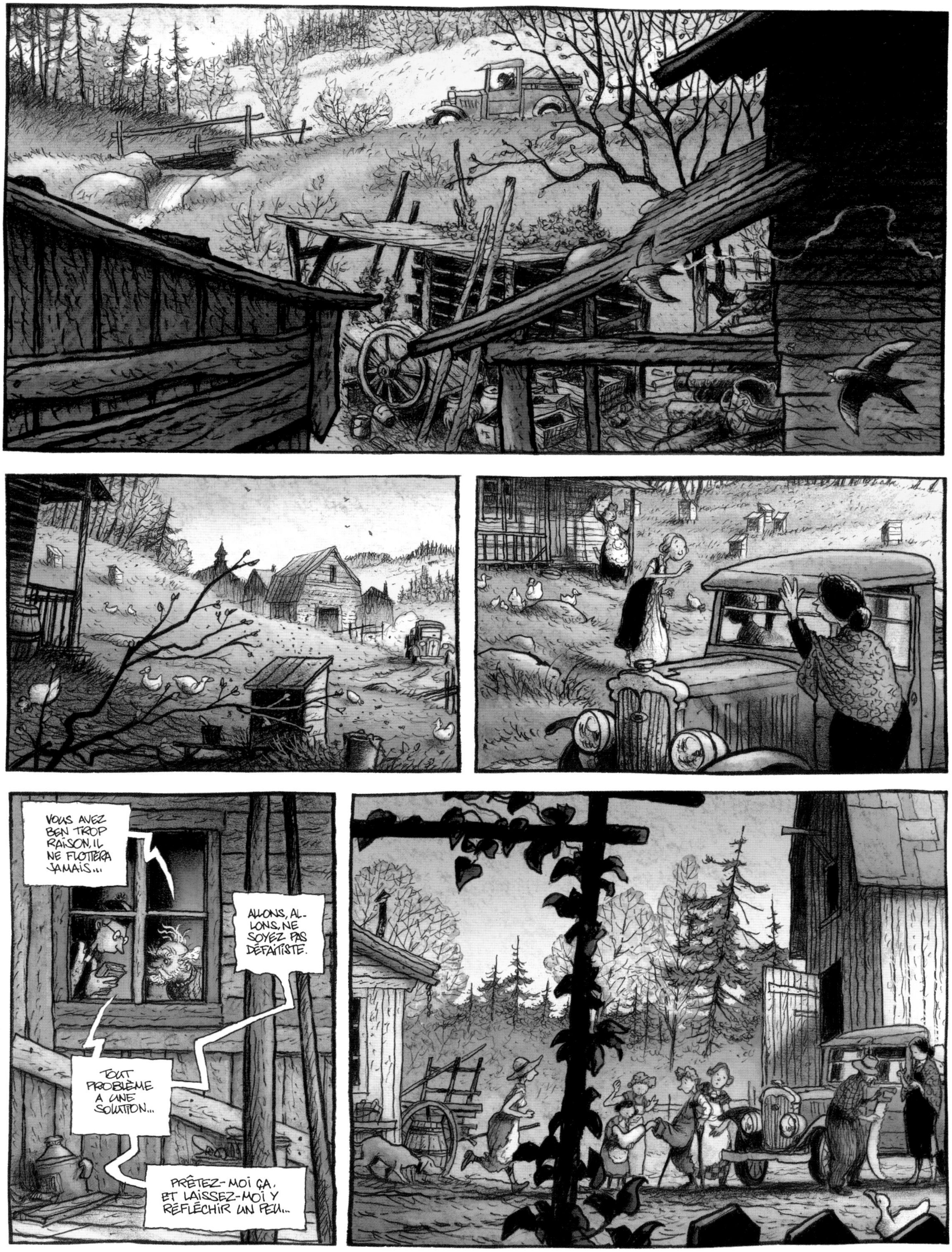
VOUS AVEZ BEN TROP RAISON, IL NE FLOTTERA JAMAIS...
ALLONS, ALLONS, NE SOYEZ PAS DÉFAITISTE.
TOUT PROBLÈME A UNE SOLUTION...
PRÊTEZ-MOI ÇA, ET LAISSEZ-MOI Y RÉFLÉCHIR UN PEU...

JE VOUS LE RAPPORTE DÈS QUE J'AI TROUVÉ LA SOLUTION...

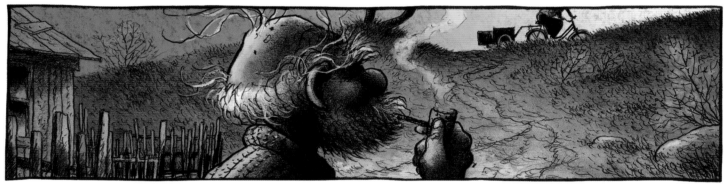

!HOSTIE!

PAF!

ON A OUBLIÉ SES PLANCHES!

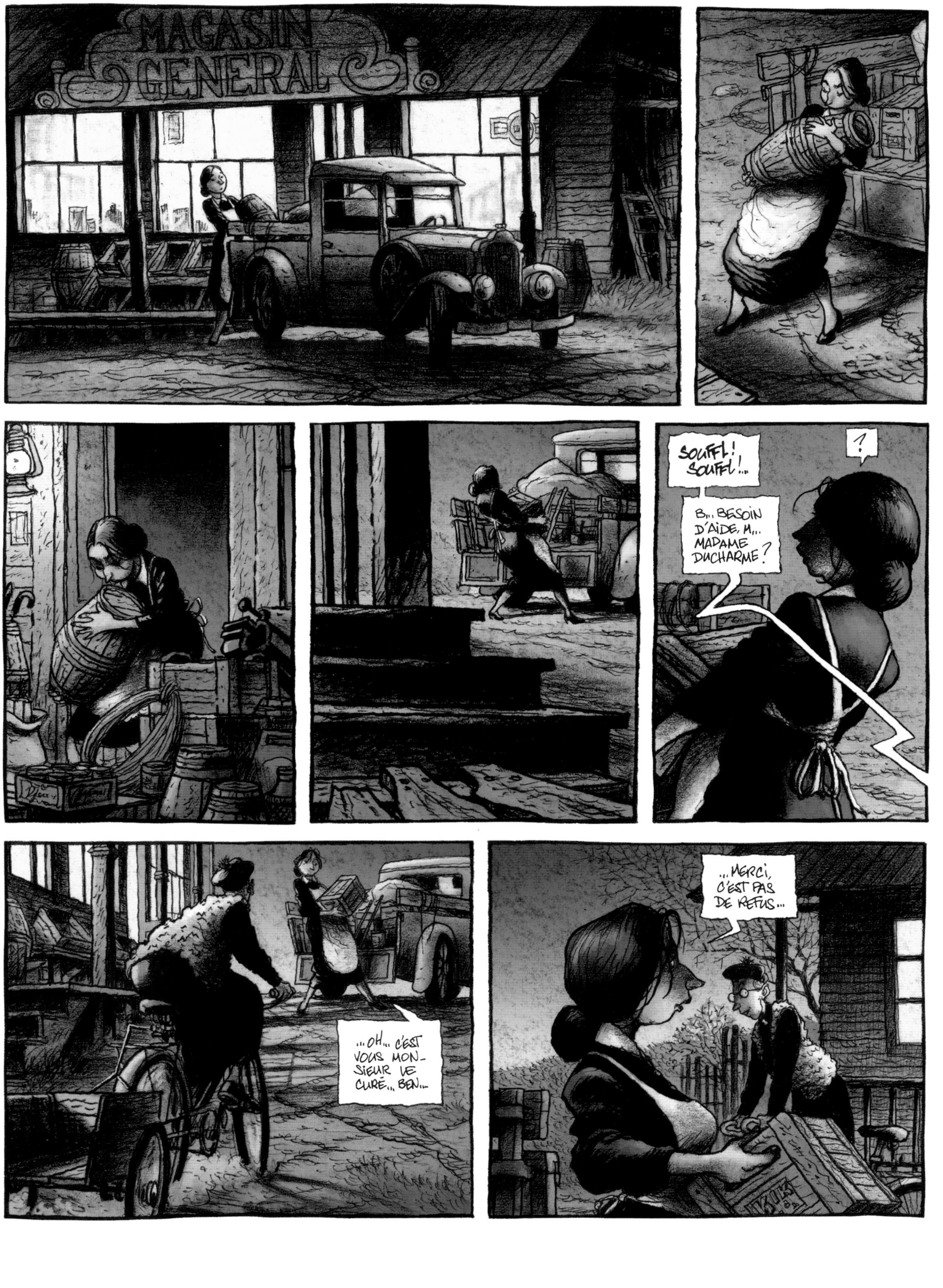
MAGASIN GENERAL
SOUFFL! SOUFFL!...
?
B... BESOIN D'AIDE, M... MADAME DUCHARME?
...OH... C'EST VOUS MONSIEUR LE CURÉ... BEN...
...MERCI, C'EST PAS DE REFUS...

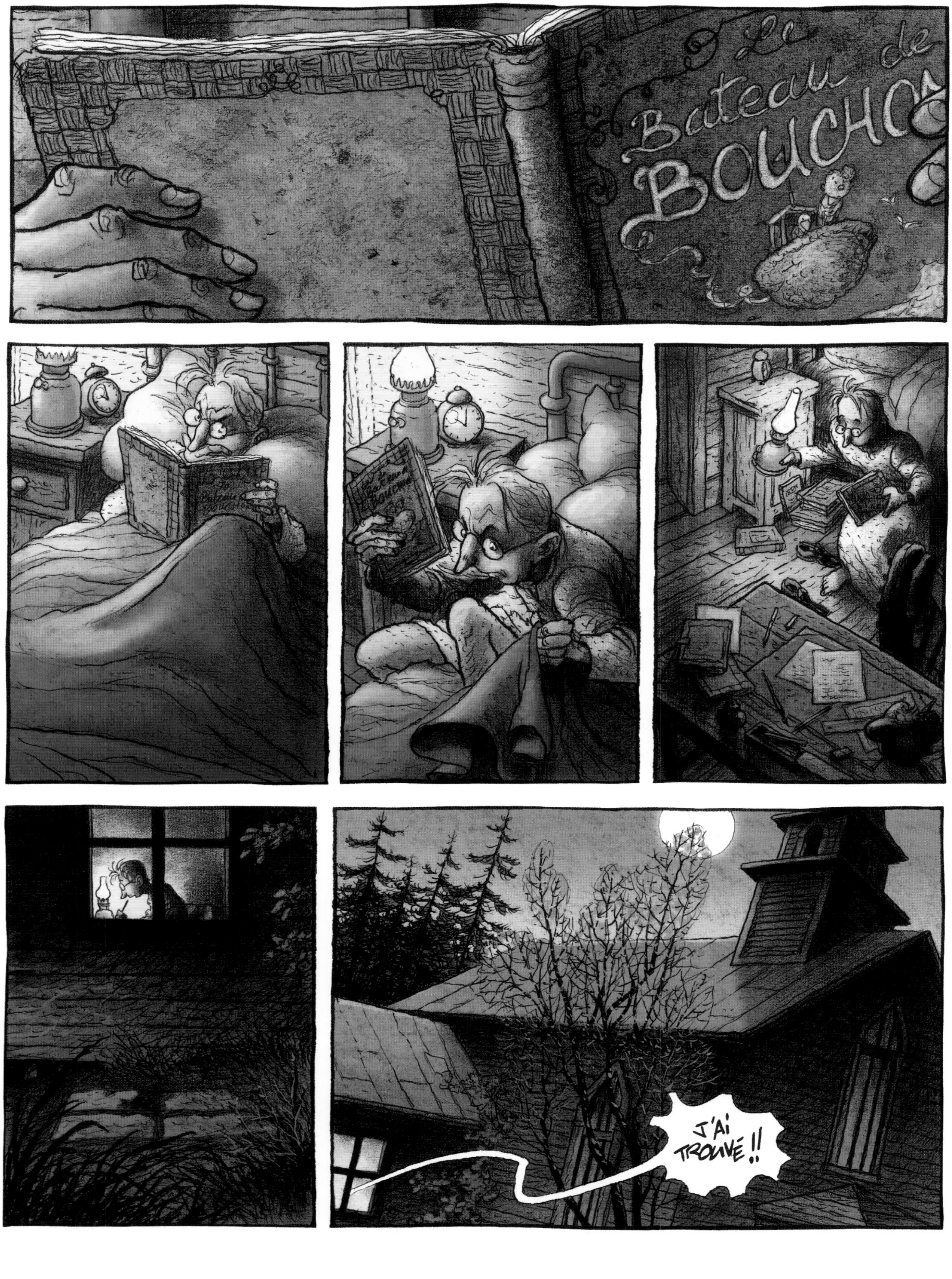
Le Bateau de Boucho
J'ai trouvé !!

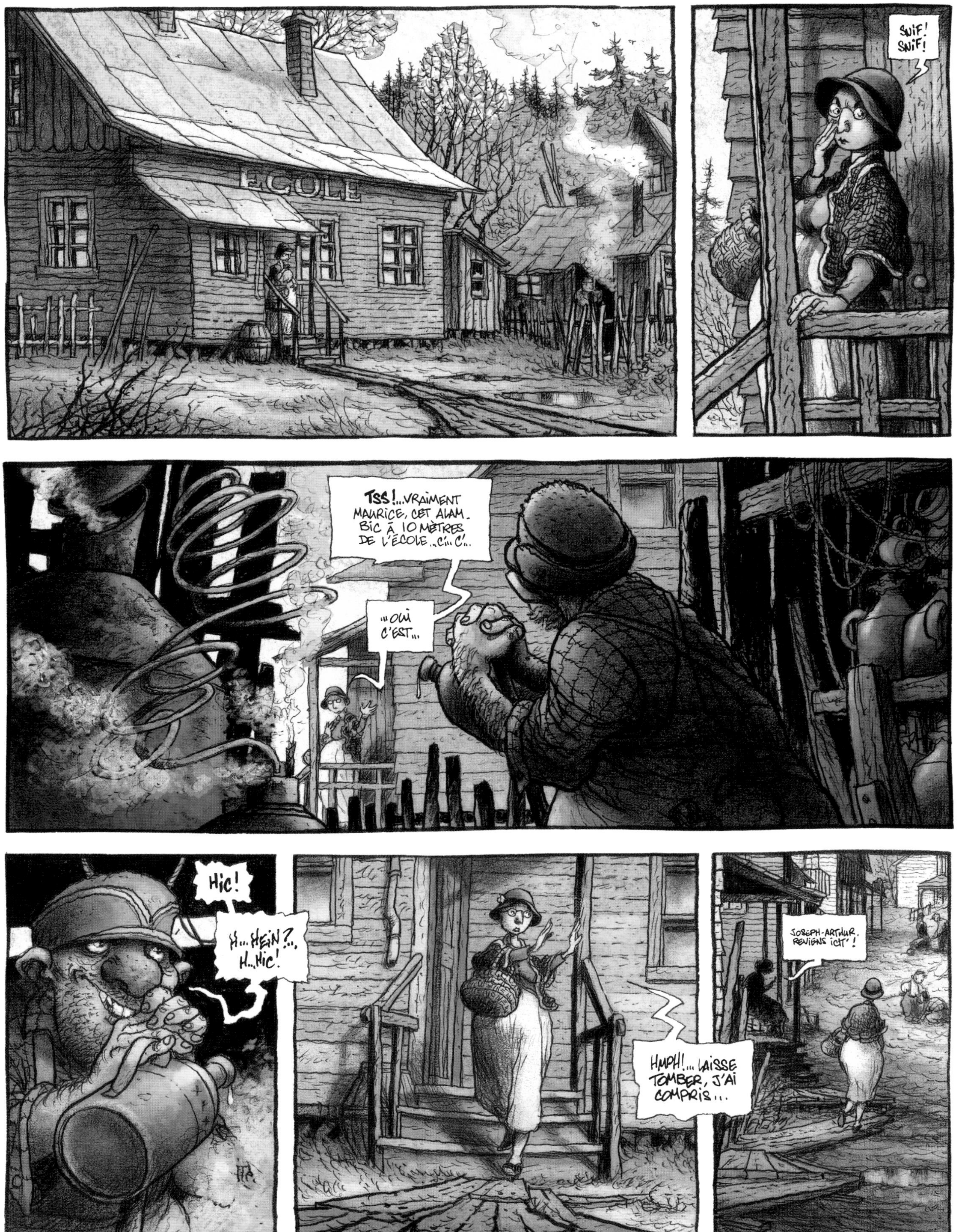
SNIF! SNIF!
TSS!... VRAIMENT MAURICE, CET ALAMBIC À 10 MÈTRES DE L'ÉCOLE... C'... C'...
...OUI C'EST...
HIC!
H... HEIN?... H... HIC!
HMPH!... LAISSE TOMBER, J'AI COMPRIS...
JOSEPH-ARTHUR, REVIENS ICI!

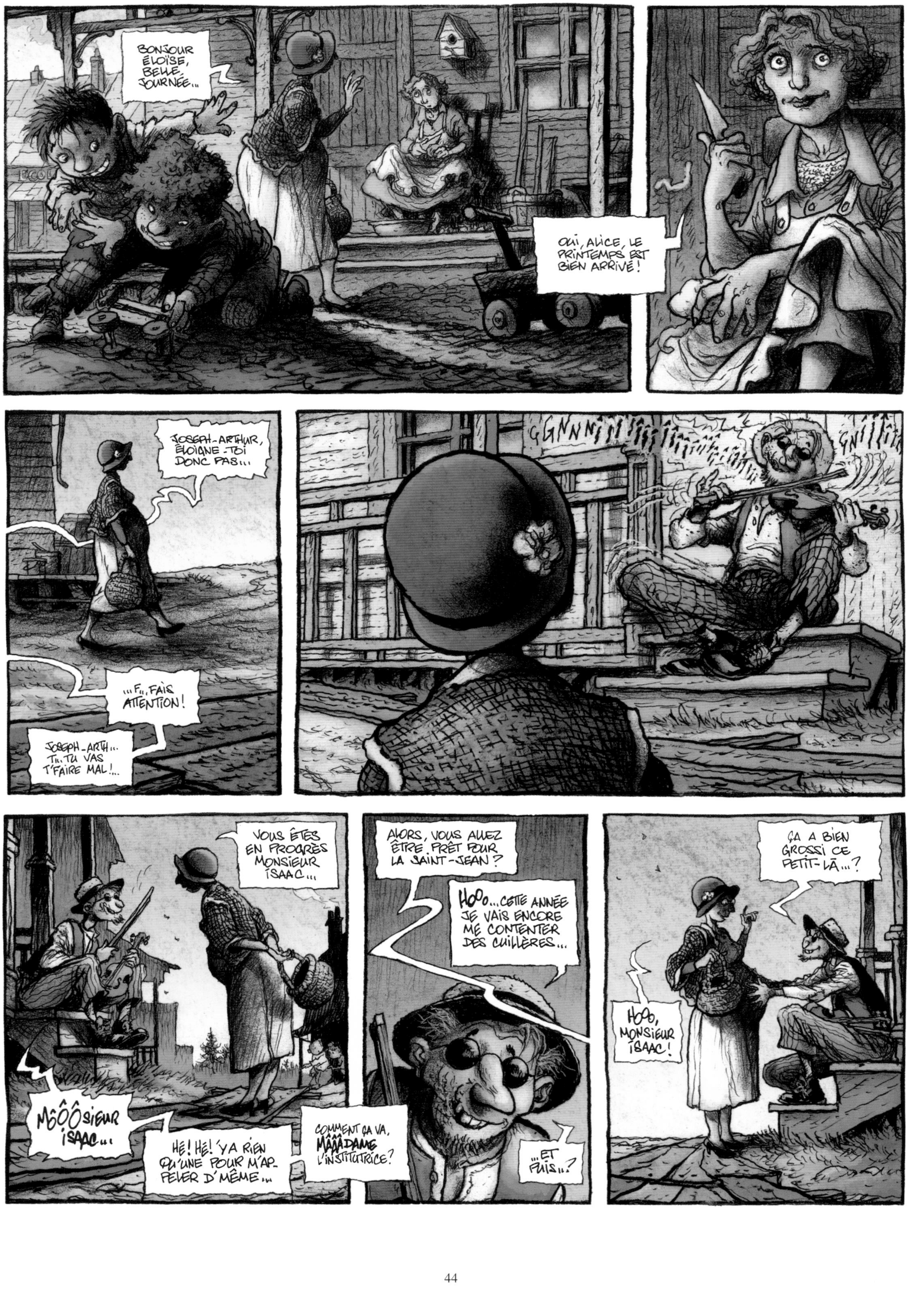
BONJOUR ÉLOÏSE, BELLE JOURNÉE...
OUI, ALICE, LE PRINTEMPS EST BIEN ARRIVÉ !
JOSEPH-ARTHUR, ÉLOIGNE-TOI DONC PAS...
...F... FAIS ATTENTION !
JOSEPH-ARTH... T... TU VAS T'FAIRE MAL !...
VOUS ÊTES EN PROGRÈS MONSIEUR ISAAC...
MÔÔÔSIEUR ISAAC...
HÉ ! HÉ ! Y'A RIEN QU'UNE POUR M'AP-PELER D'MÊME...
ALORS, VOUS ALLEZ ÊTRE PRÊT POUR LA SAINT-JEAN ?
HOOO... CETTE ANNÉE JE VAIS ENCORE ME CONTENTER DES CUILLÈRES...
...ET PUIS... ?
COMMENT ÇA VA, MÂÂÂDAME L'INSTITUTRICE ?
ÇA A BIEN GROSSI CE PETIT-LÀ... ?
HOOO, MONSIEUR ISAAC !

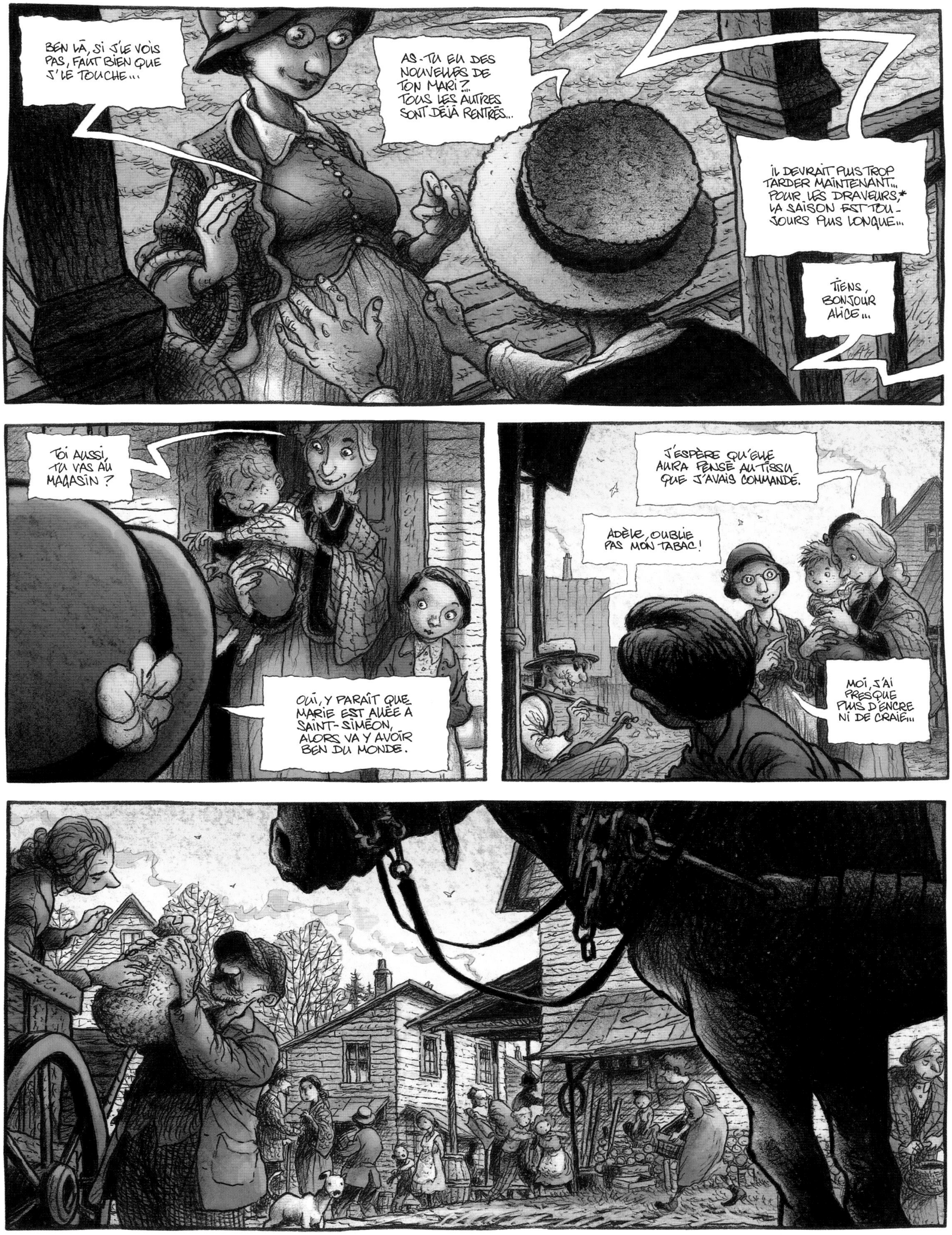
BEN LÀ, SI J'LE VOIS PAS, FAUT BIEN QUE J'LE TOUCHE...
AS-TU EU DES NOUVELLES DE TON MARI ?.. TOUS LES AUTRES SONT DÉJÀ RENTRÉS...
IL DEVRAIT PLUS TROP TARDER MAINTENANT... POUR LES DRAVEURS,* LA SAISON EST TOUJOURS PLUS LONGUE...
TIENS, BONJOUR ALICE...
TOI AUSSI, TU VAS AU MAGASIN ?
OUI, Y PARAÎT QUE MARIE EST ALLÉE À SAINT-SIMÉON, ALORS VA Y AVOIR BEN DU MONDE.
J'ESPÈRE QU'ELLE AURA PENSÉ AU TISSU QUE J'AVAIS COMMANDÉ.
ADÈLE, OUBLIE PAS MON TABAC !
MOI, J'AI PRESQUE PLUS D'ENCRE NI DE CRAIE...

* MÉTIER QUI CONSISTE À CHARRIER DU BOIS SUR UN COURS D'EAU.

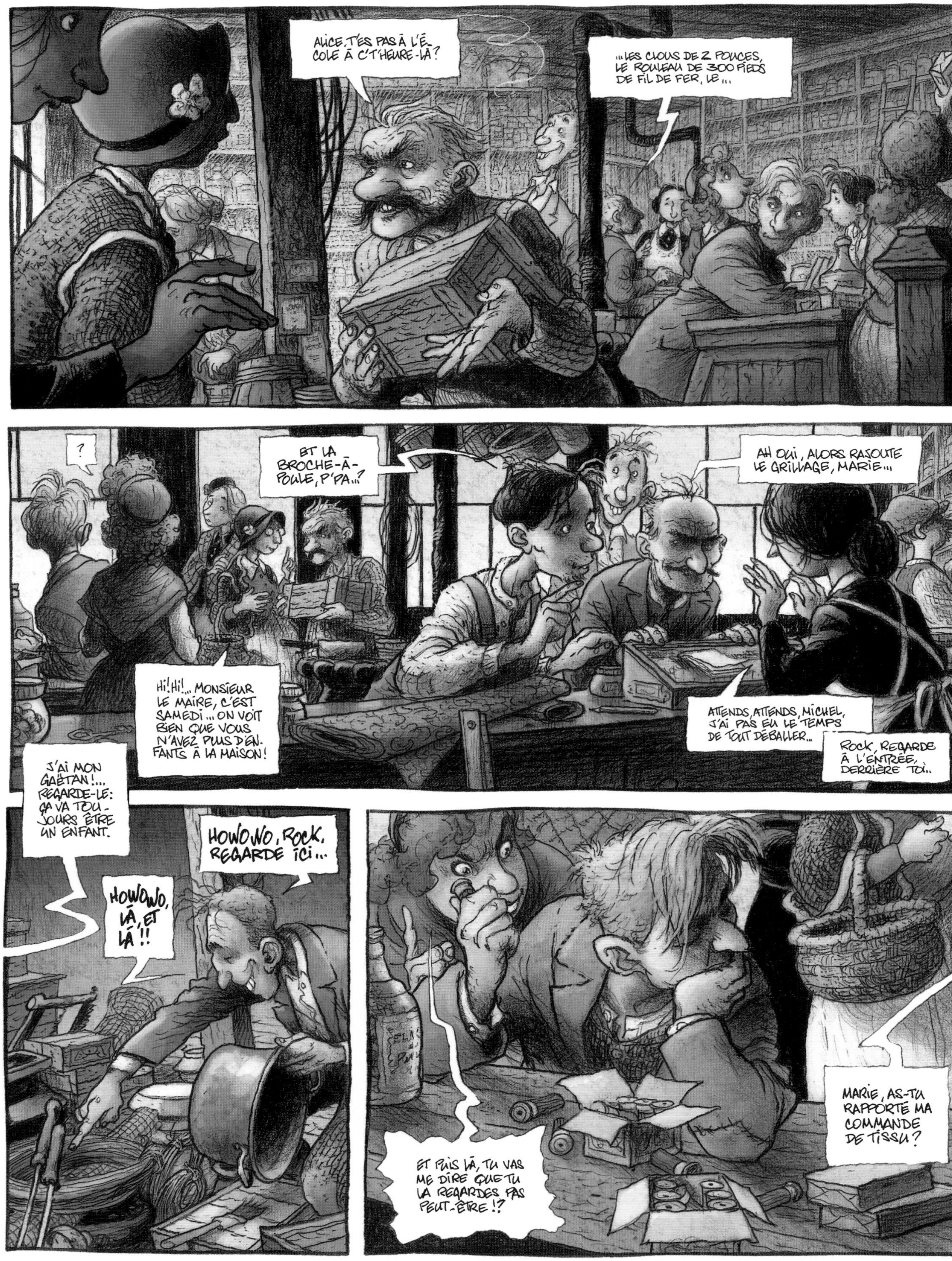
ALICE, T'ES PAS À L'É-COLE À C'T'HEURE-LÀ?
...LES CLOUS DE 2 POUCES, LE ROULEAU DE 300 PIEDS DE FIL DE FER, LE...
?
ET LA BROCHE-À-POULE, P'PA...?
AH OUI, ALORS RAJOUTE LE GRILLAGE, MARIE...
HI! HI!... MONSIEUR LE MAIRE, C'EST SAMEDI... ON VOIT BIEN QUE VOUS N'AVEZ PLUS D'EN-FANTS À LA MAISON!
ATTENDS, ATTENDS, MICHEL, J'AI PAS EU LE TEMPS DE TOUT DÉBALLER...
ROCK, REGARDE À L'ENTRÉE, DERRIÈRE TOI...
J'AI MON GAËTAN!... REGARDE-LE: ÇA VA TOUJOURS ÊTRE UN ENFANT.
HOWOWO, ROCK, REGARDE ICI...
HOWOWO, LÀ, ET LÀ!!
ET PUIS LÀ, TU VAS ME DIRE QUE TU LA REGARDES PAS PEUT-ÊTRE!?
MARIE, AS-TU RAPPORTÉ MA COMMANDE DE TISSU?

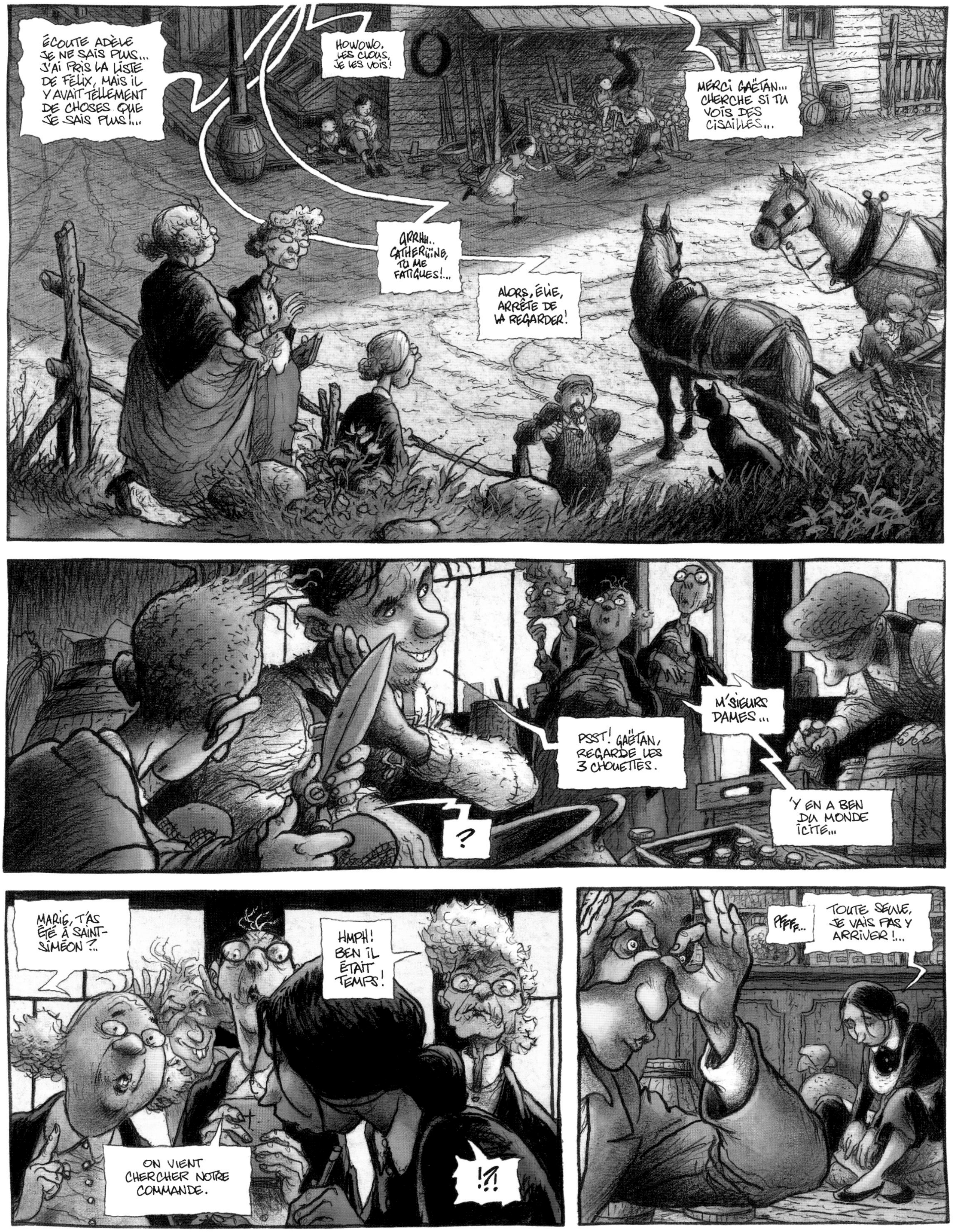
ÉCOUTE ADÈLE JE NE SAIS PLUS... J'AI PRIS LA LISTE DE FÉLIX, MAIS IL Y AVAIT TELLEMENT DE CHOSES QUE JE SAIS PLUS !...
HOWOWO, LES CLOUS, JE LES VOIS !
MERCI GAËTAN... CHERCHE SI TU VOIS DES CISAILLES...
ARRHH.. CATHERIIINE, TU ME FATIGUES !...
ALORS, ÉLIE, ARRÊTE DE LA REGARDER !
PSST ! GAËTAN, REGARDE LES 3 CHOUETTES.
?
M'SIEURS DAMES...
'Y EN A BEN DU MONDE ICITE...
MARIE, T'AS ÉTÉ À SAINT-SIMÉON ?...
HMPH ! BEN IL ÉTAIT TEMPS !
ON VIENT CHERCHER NOTRE COMMANDE.
!?!
PFFF...
TOUTE SEULE, JE VAIS PAS Y ARRIVER !...

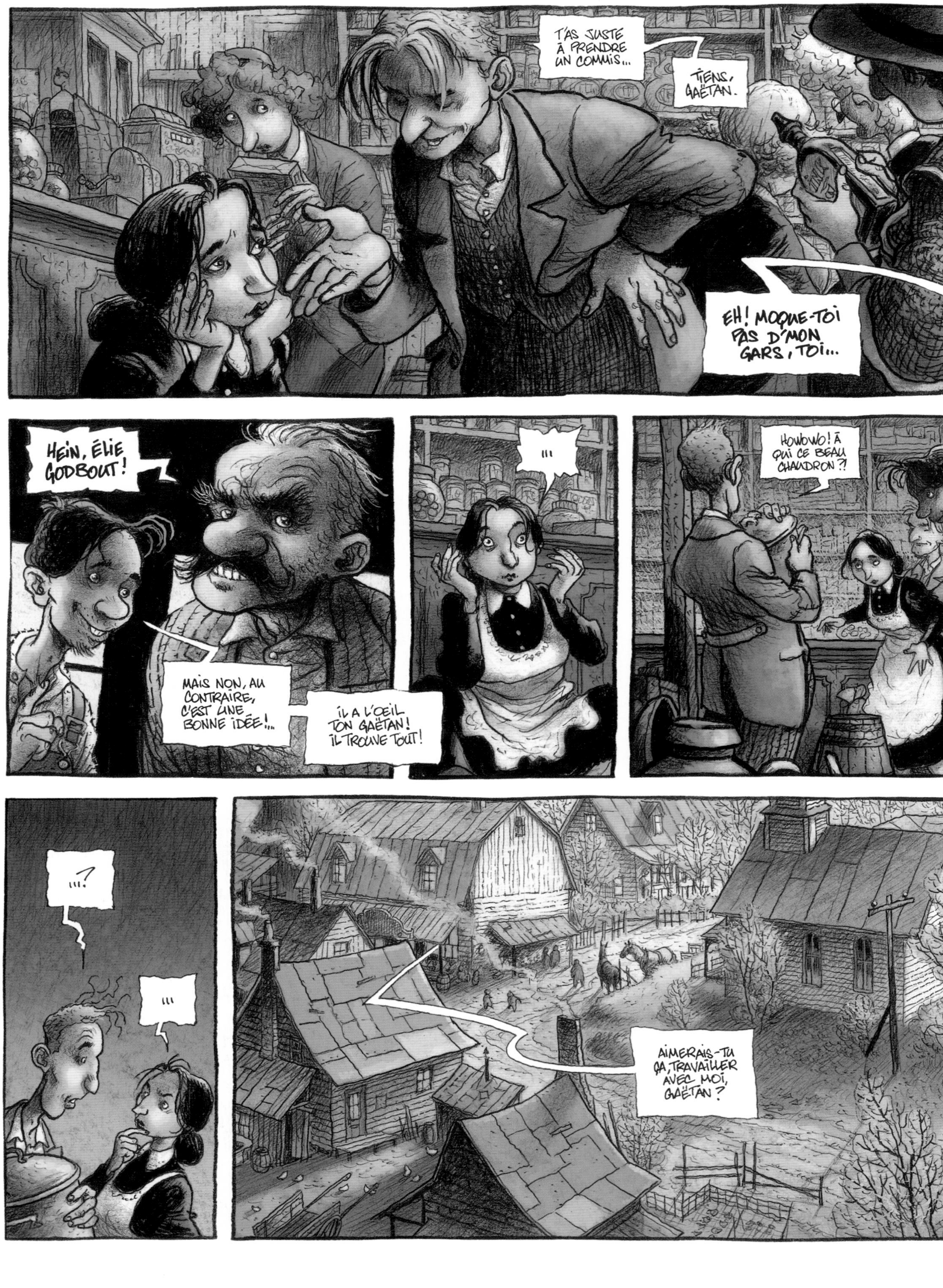
T'AS JUSTE À PRENDRE UN COMMIS...
TIENS, GAËTAN.
EH! MOQUE-TOI PAS D'MON GARS, TOI...
HEIN, ÉLIE GODBOUT!
MAIS NON, AU CONTRAIRE, C'EST UNE BONNE IDÉE!...
IL A L'OEIL TON GAËTAN! IL TROUVE TOUT!
!!!
HOWOWO! À QUI CE BEAU CHAUDRON?!
...?
!!!
AIMERAIS-TU ÇA, TRAVAILLER AVEC MOI, GAËTAN?

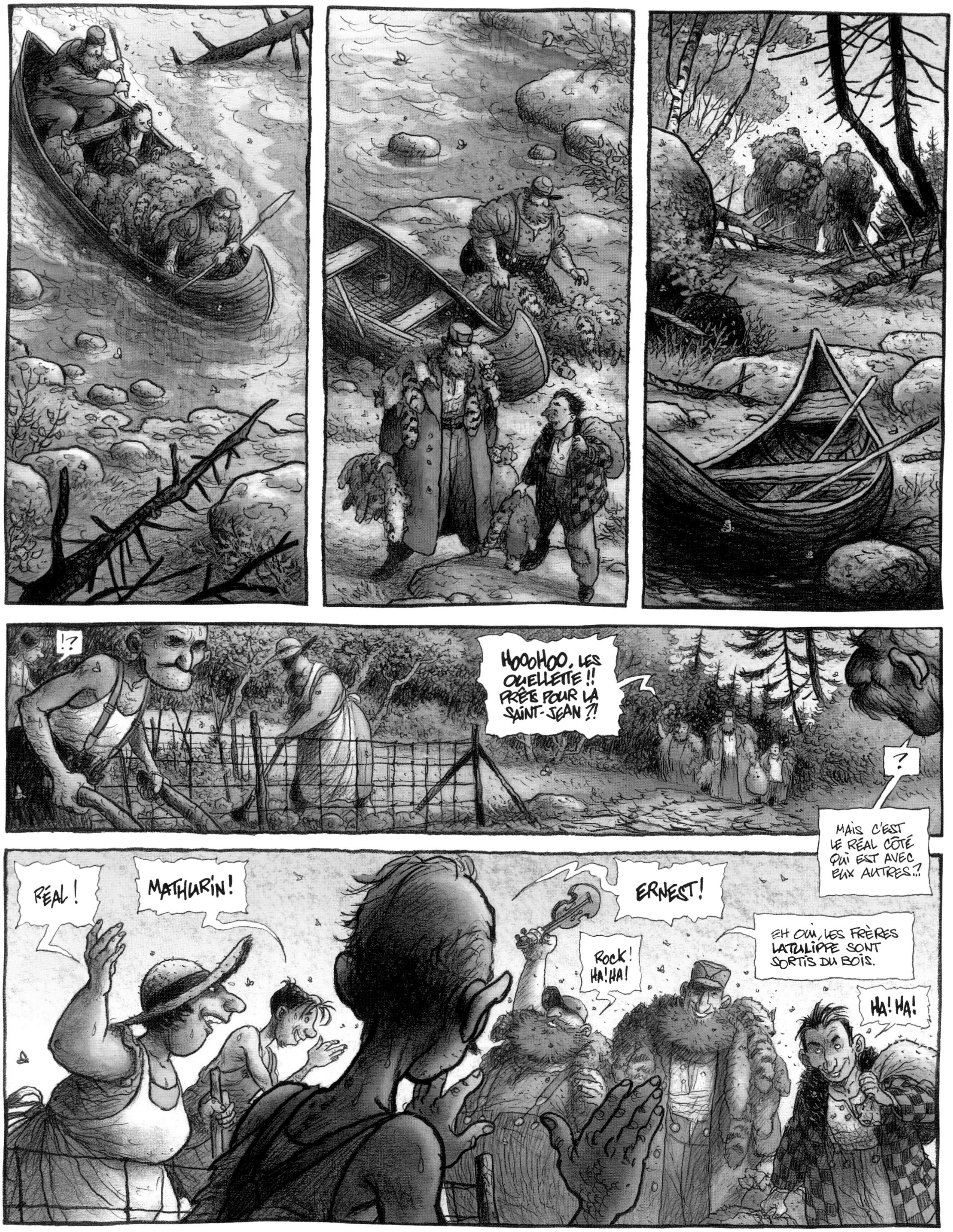
!?
HOOOHOO, LES OUELLETTE !! PRÊTS POUR LA SAINT-JEAN ?!
?
MAIS C'EST LE RÉAL CÔTÉ QUI EST AVEC EUX AUTRES ?!
RÉAL !
MATHURIN !
ERNEST !
ROCK ! HA ! HA !
EH OUI, LES FRÈRES LATULIPPE SONT SORTIS DU BOIS.
HA ! HA !

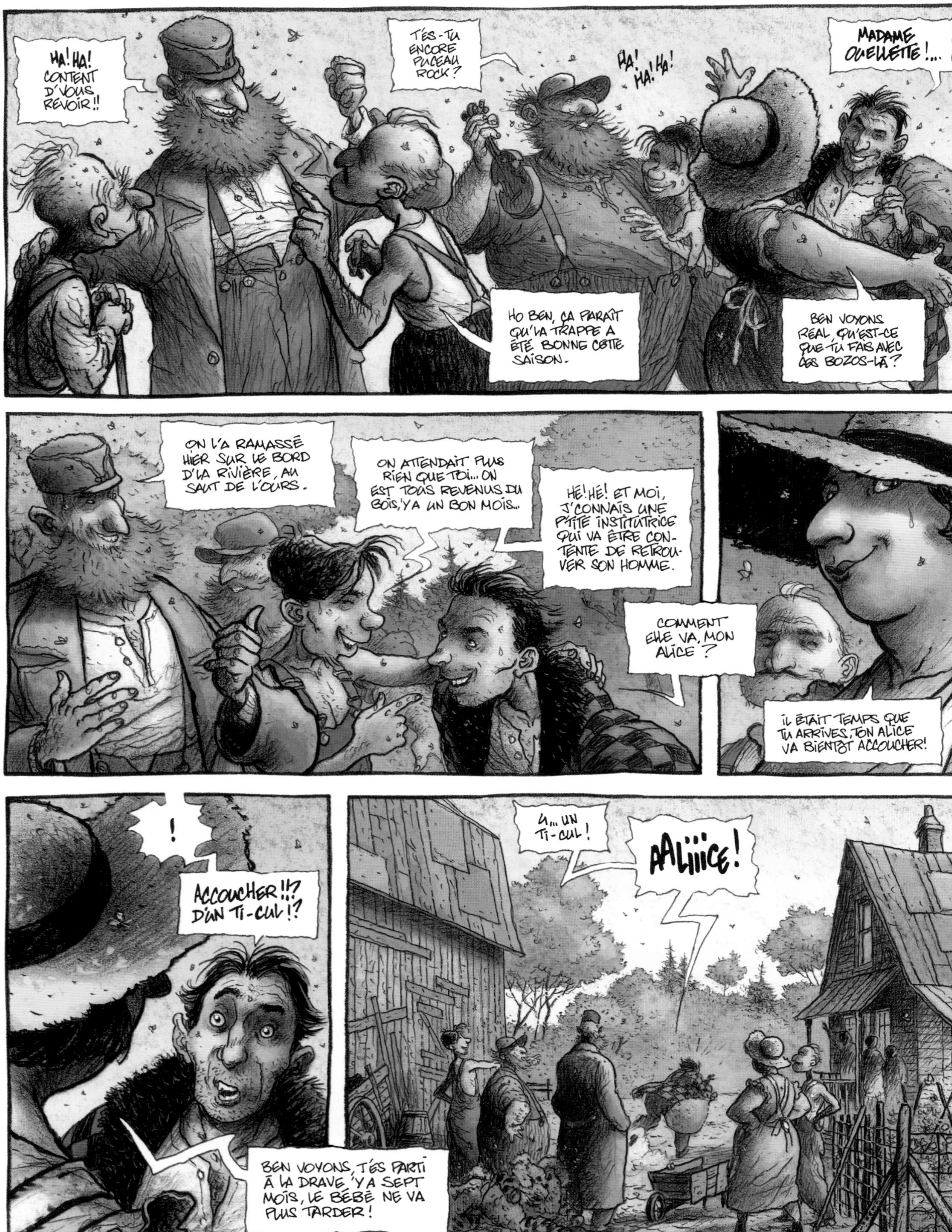

HA! HA! CONTENT D'VOUS REVOIR!!
T'ES-TU ENCORE PUCEAU ROCK?
HA! HA! HA!
MADAME OUELLETTE!...
HO BEN, ÇA PARAÎT QU'LA TRAPPE A ÉTÉ BONNE CETTE SAISON.
BEN VOYONS RÉAL, QU'EST-CE QUE TU FAIS AVEC CES BOZOS-LÀ?
ON L'A RAMASSÉ HIER SUR LE BORD D'LA RIVIÈRE, AU SAUT DE L'OURS.
ON ATTENDAIT PLUS RIEN QUE TOI... ON EST TOUS REVENUS DU BOIS, Y'A UN BON MOIS...
HÉ! HÉ! ET MOI, J'CONNAIS UNE P'TITE INSTITUTRICE QUI VA ÊTRE CONTENTE DE RETROUVER SON HOMME.
COMMENT ELLE VA, MON ALICE?
IL ÉTAIT TEMPS QUE TU ARRIVES, TON ALICE VA BIENTÔT ACCOUCHER!
!
ACCOUCHER!!? D'UN TI-CUL!?
BEN VOYONS, T'ES PARTI À LA DRAVE 'Y'A SEPT MOIS, LE BÉBÉ NE VA PLUS TARDER!
U... UN TI-CUL!
AALIIICE!

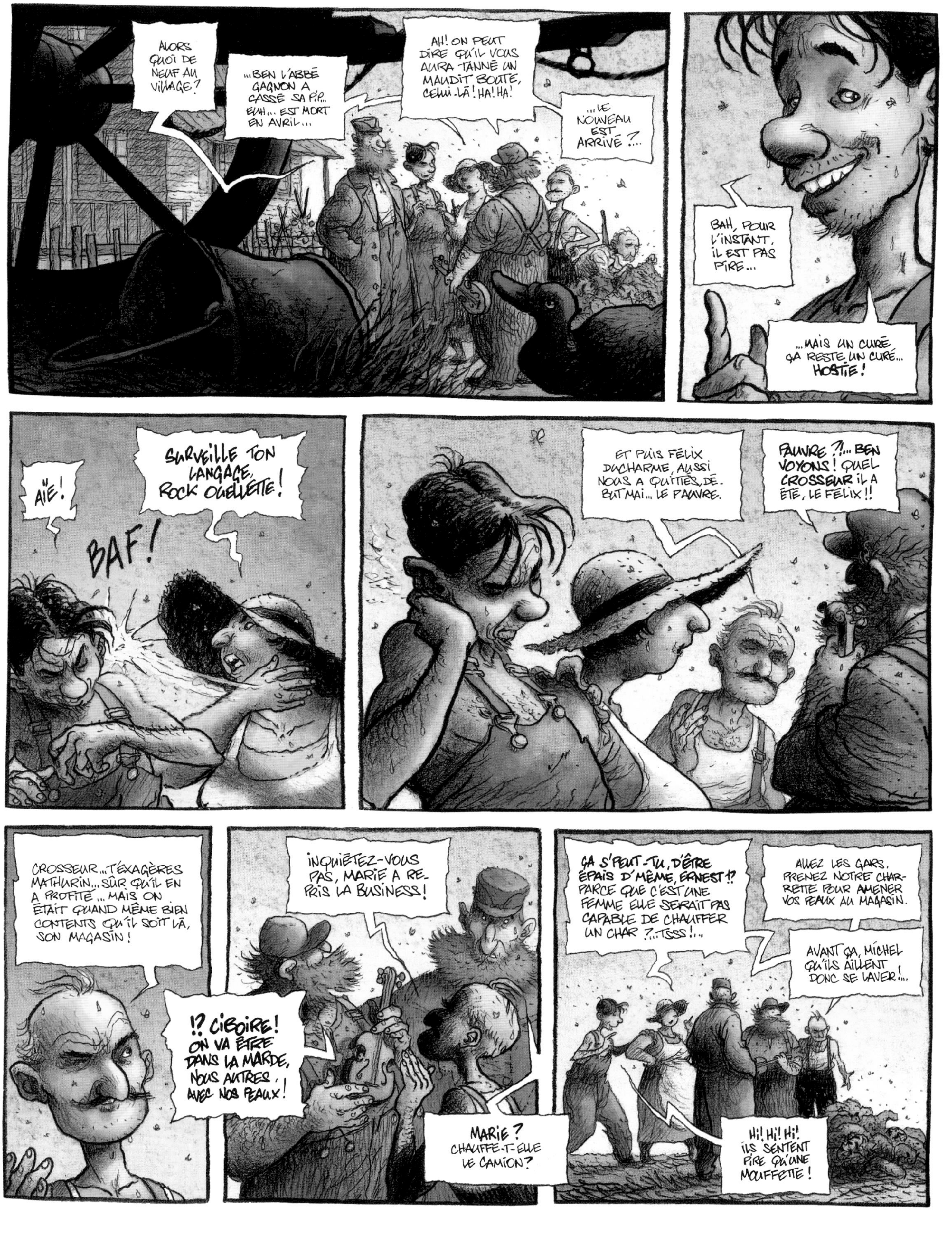

ALORS QUOI DE NEUF AU VILLAGE ?
...BEN L'ABBÉ GAGNON A CASSÉ SA PIP... EUH... EST MORT EN AVRIL...
AH! ON PEUT DIRE QU'IL VOUS AURA TANNÉ UN MAUDIT BOUTE, CELUI-LÀ! HA! HA!
...LE NOUVEAU EST ARRIVÉ ?...
BAH, POUR L'INSTANT, IL EST PAS PIRE...
...MAIS UN CURÉ, ÇA RESTE UN CURÉ... HOSTIE!
AÏE!
SURVEILLE TON LANGAGE, ROCK OUELLETTE!
BAF!
ET PUIS FÉLIX DUCHARME, AUSSI NOUS A QUITTÉS, DÉBUT MAI... LE PAUVRE.
PAUVRE ?!... BEN VOYONS! QUEL CROSSEUR IL A ÉTÉ, LE FÉLIX!!
CROSSEUR... T'EXAGÈRES MATHURIN... SÛR QU'IL EN A PROFITÉ... MAIS ON ÉTAIT QUAND MÊME BIEN CONTENTS QU'IL SOIT LÀ, SON MAGASIN!
INQUIÉTEZ-VOUS PAS, MARIE A REPRIS LA BUSINESS!
!? CIBOIRE! ON VA ÊTRE DANS LA MARDE, NOUS AUTRES, AVEC NOS PEAUX!
MARIE ? CHAUFFE-T-ELLE LE CAMION?
ÇA S'PEUT-TU, D'ÊTRE ÉPAIS D'MÊME, ERNEST!? PARCE QUE C'EST UNE FEMME ELLE SERAIT PAS CAPABLE DE CHAUFFER UN CHAR ?...TSSS!...
ALLEZ LES GARS, PRENEZ NOTRE CHARRETTE POUR AMENER VOS PEAUX AU MAGASIN.
AVANT ÇA, MICHEL QU'ILS AILLENT DONC SE LAVER!...
HI! HI! HI! ILS SENTENT PIRE QU'UNE MOUFFETTE!

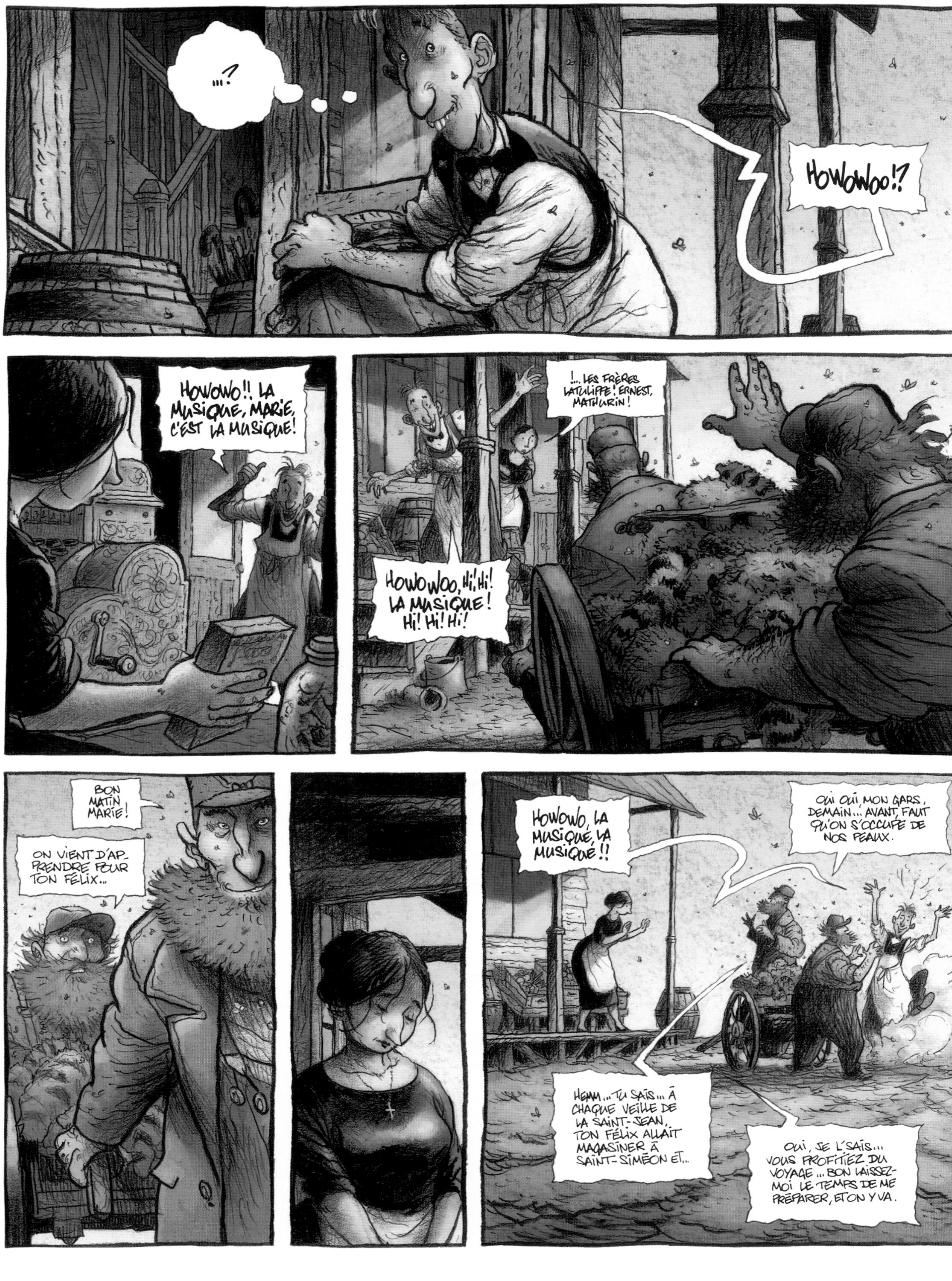
...?
HOWOWOO!?
HOWOWO!! LA MUSIQUE, MARIE, C'EST LA MUSIQUE!
!... LES FRÈRES LATULIPPE! ERNEST, MATHURIN!
HOWOWOO, HI! HI! LA MUSIQUE! HI! HI! HI!
BON MATIN MARIE!
ON VIENT D'AP-PRENDRE POUR TON FÉLIX...
HOWOWO, LA MUSIQUE, LA MUSIQUE!!
OUI OUI, MON GARS, DEMAIN... AVANT, FAUT QU'ON S'OCCUPE DE NOS PEAUX.
HEMM... TU SAIS... À CHAQUE VEILLE DE LA SAINT-JEAN, TON FÉLIX ALLAIT MAGASINER À SAINT-SIMÉON ET...
OUI, JE L'SAIS... VOUS PROFITIEZ DU VOYAGE... BON LAISSEZ-MOI LE TEMPS DE ME PRÉPARER, ET ON Y VA.

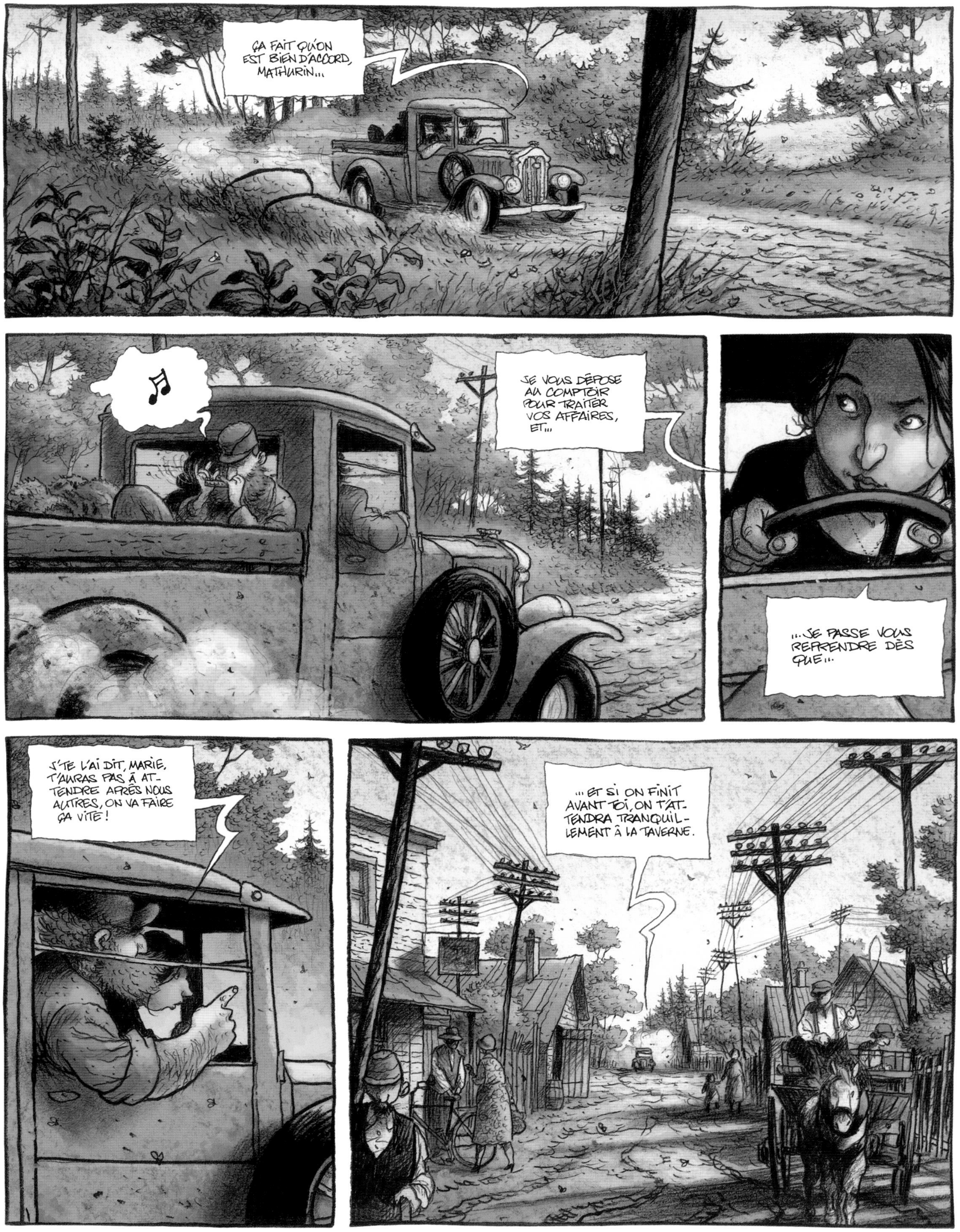
ÇA FAIT QU'ON EST BIEN D'ACCORD, MATHURIN...
JE VOUS DÉPOSE AU COMPTOIR POUR TRAITER VOS AFFAIRES, ET...
...JE PASSE VOUS REPRENDRE DÈS QUE...
J'TE L'AI DIT, MARIE, T'AURAS PAS À ATTENDRE APRÈS NOUS AUTRES, ON VA FAIRE ÇA VITE !
... ET SI ON FINIT AVANT TOI, ON T'ATTENDRA TRANQUILLEMENT À LA TAVERNE.

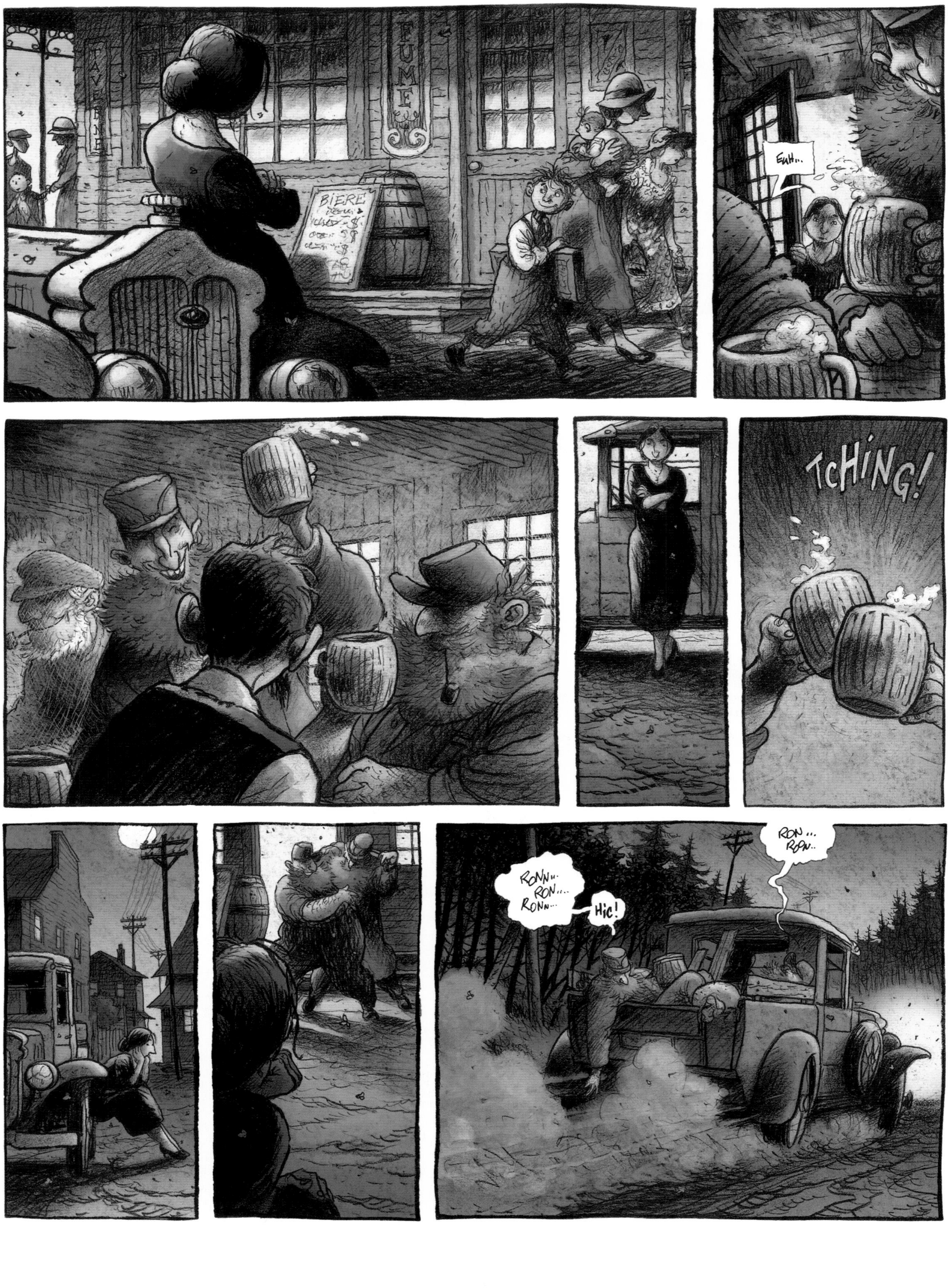
FUME
BIÈRE
EUH..
TCHING!
RONN.. RON... RONN...
HIC!
RON... RON..

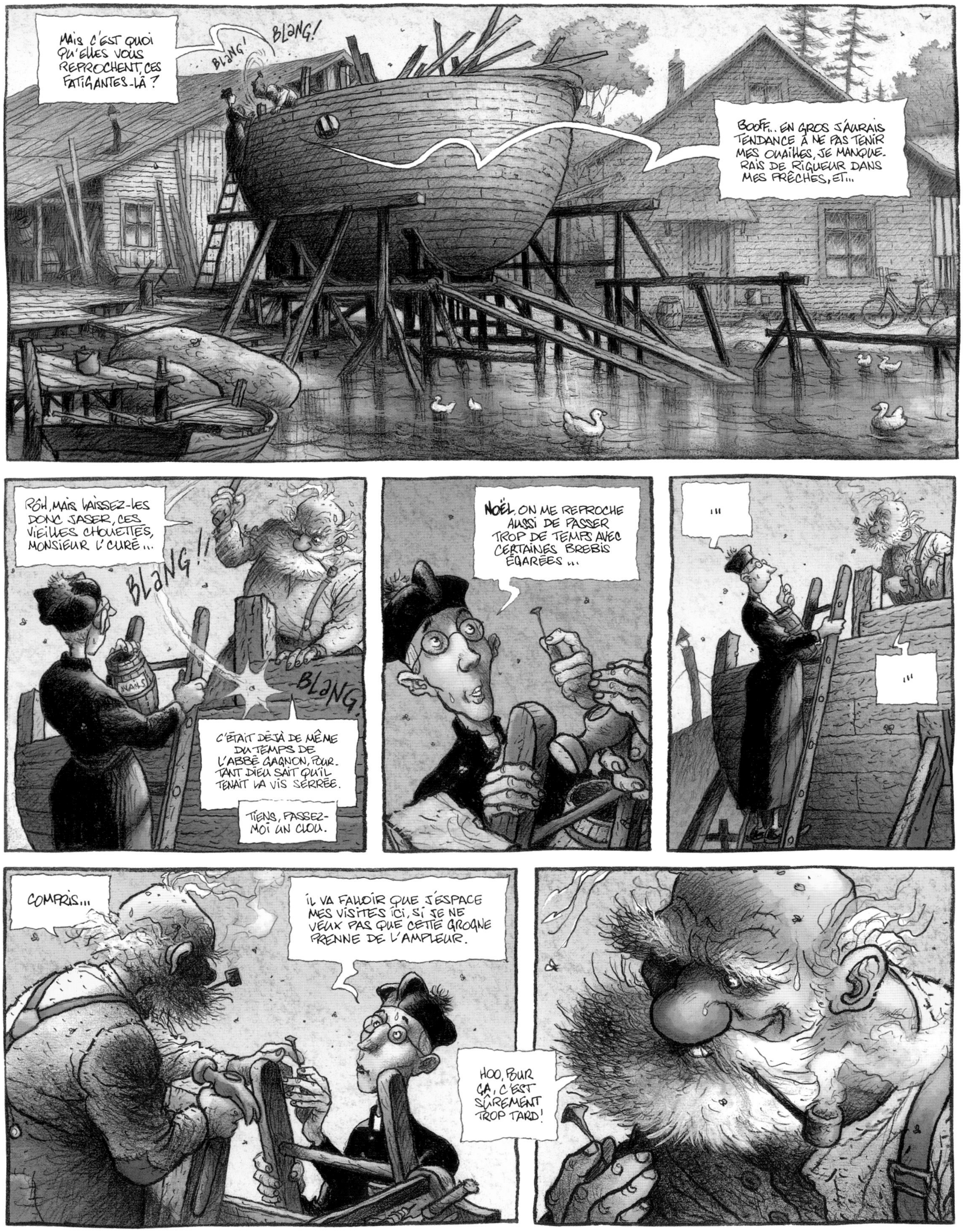
MAIS C'EST QUOI QU'ELLES VOUS REPROCHENT, CES FATIGANTES-LÀ ?
BLANG!
BLANG!
BOOFF... EN GROS J'AURAIS TENDANCE À NE PAS TENIR MES OUAILLES, JE MANQUERAIS DE RIGUEUR DANS MES PRÊCHES, ET...
RÔH, MAIS LAISSEZ-LES DONC JASER, CES VIEILLES CHOUETTES, MONSIEUR L'CURÉ...
BLANG!!
NAILS
BLANG!
C'ÉTAIT DÉJÀ DE MÊME DU TEMPS DE L'ABBÉ GAGNON, POURTANT DIEU SAIT QU'IL TENAIT LA VIS SERRÉE.
TIENS, PASSEZ-MOI UN CLOU.
NOËL, ON ME REPROCHE AUSSI DE PASSER TROP DE TEMPS AVEC CERTAINES BREBIS ÉGARÉES...
!!!
!!!
COMPRIS...
IL VA FALLOIR QUE J'ESPACE MES VISITES ICI, SI JE NE VEUX PAS QUE CETTE GROGNE PRENNE DE L'AMPLEUR.
HOO, POUR ÇA, C'EST SÛREMENT TROP TARD!

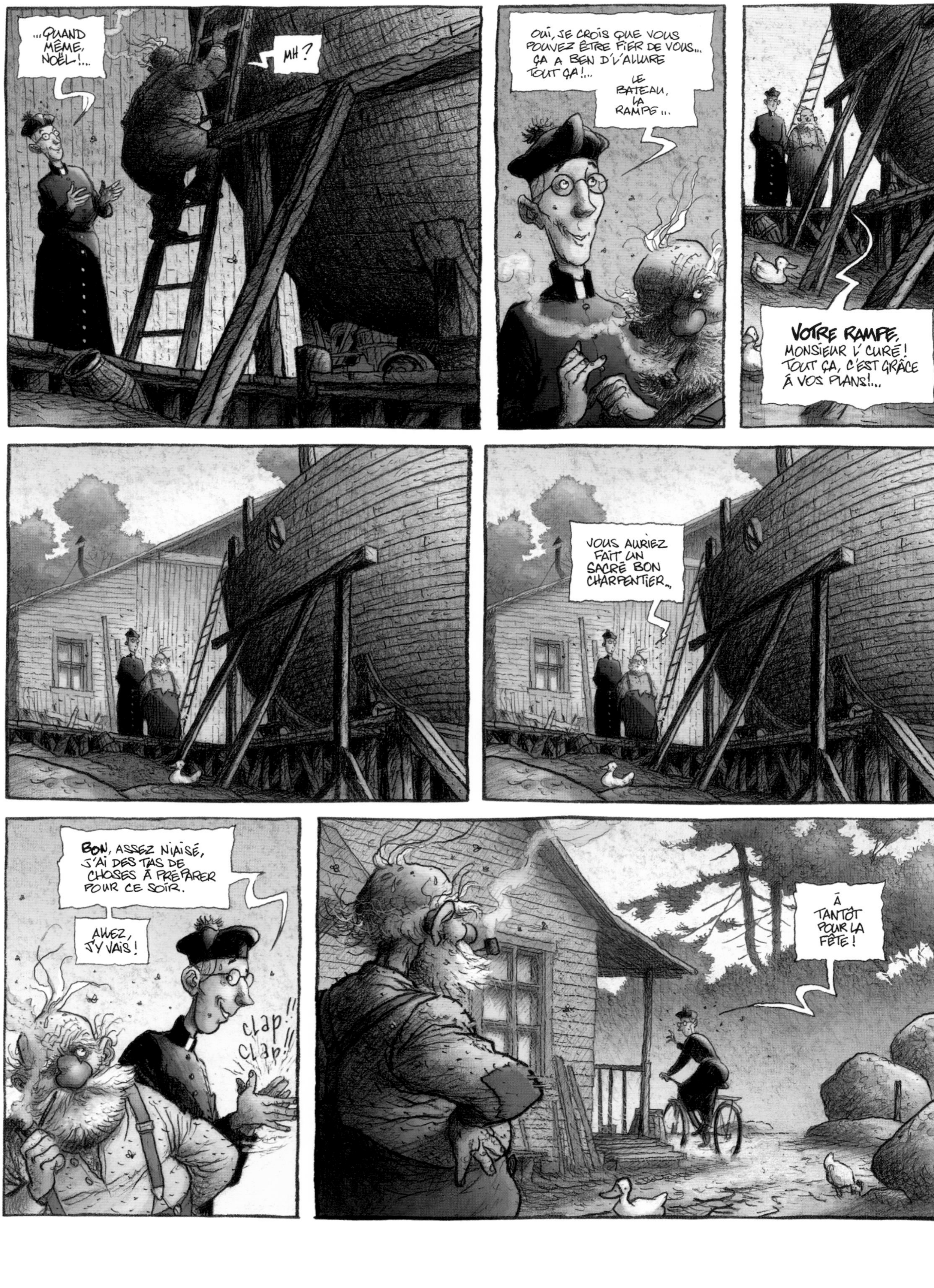
...QUAND MÊME, NOËL !...
MH ?
OUI, JE CROIS QUE VOUS POUVEZ ÊTRE FIER DE VOUS... ÇA A BEN D'L'ALLURE TOUT ÇA !...
LE BATEAU, LA RAMPE...
VOTRE RAMPE, MONSIEUR L'CURÉ ! TOUT ÇA, C'EST GRÂCE À VOS PLANS !...
VOUS AURIEZ FAIT UN SACRÉ BON CHARPENTIER...
BON, ASSEZ NIAISÉ, J'AI DES TAS DE CHOSES À PRÉPARER POUR CE SOIR.
ALLEZ, J'Y VAIS !
CLAP ! CLAP !!
À TANTÔT POUR LA FÊTE !

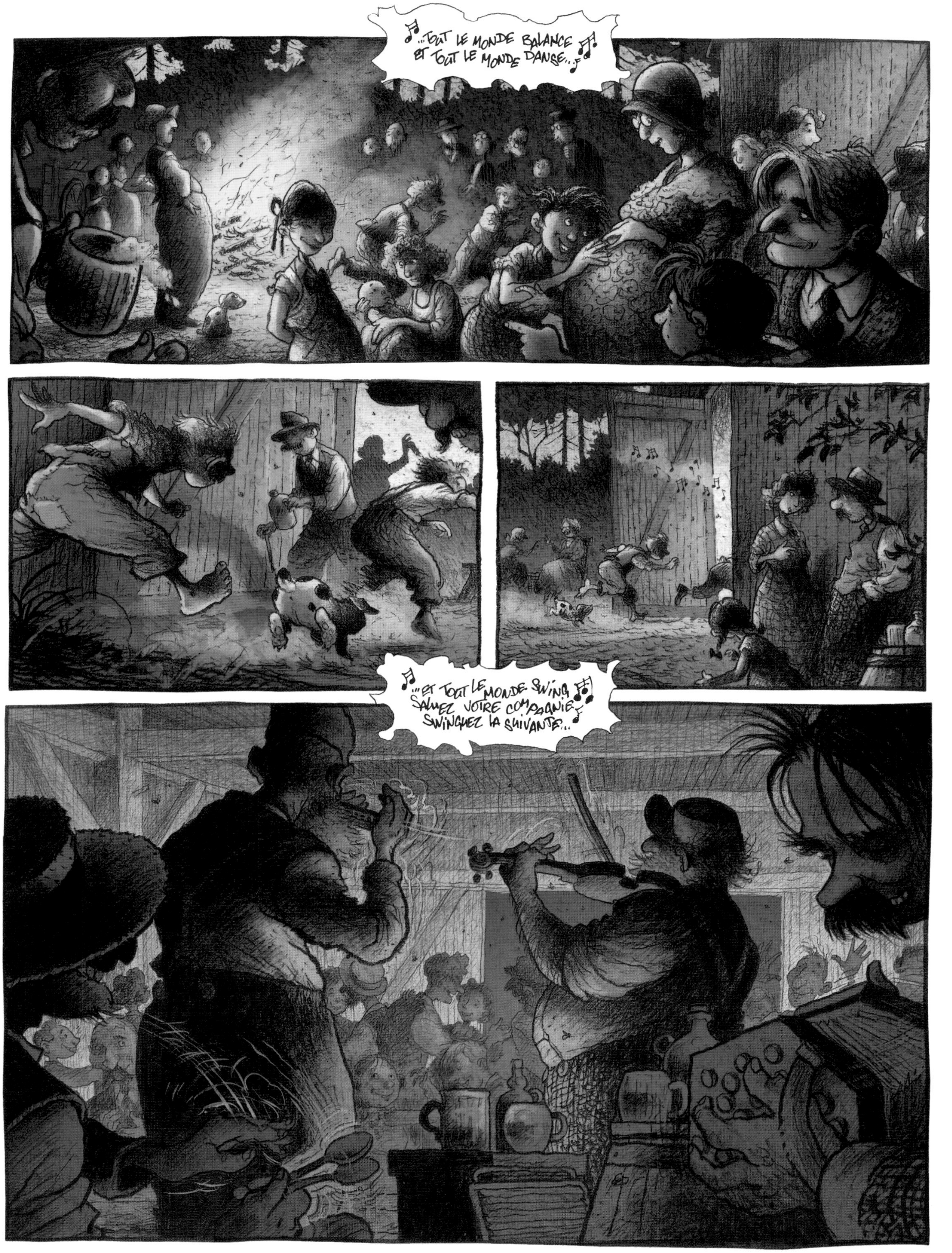
...TOUT LE MONDE BALANCE ET TOUT LE MONDE DANSE...
...ET TOUT LE MONDE SWING SALUEZ VOTRE COMPAGNIE SWINGUEZ LA SUIVANTE...

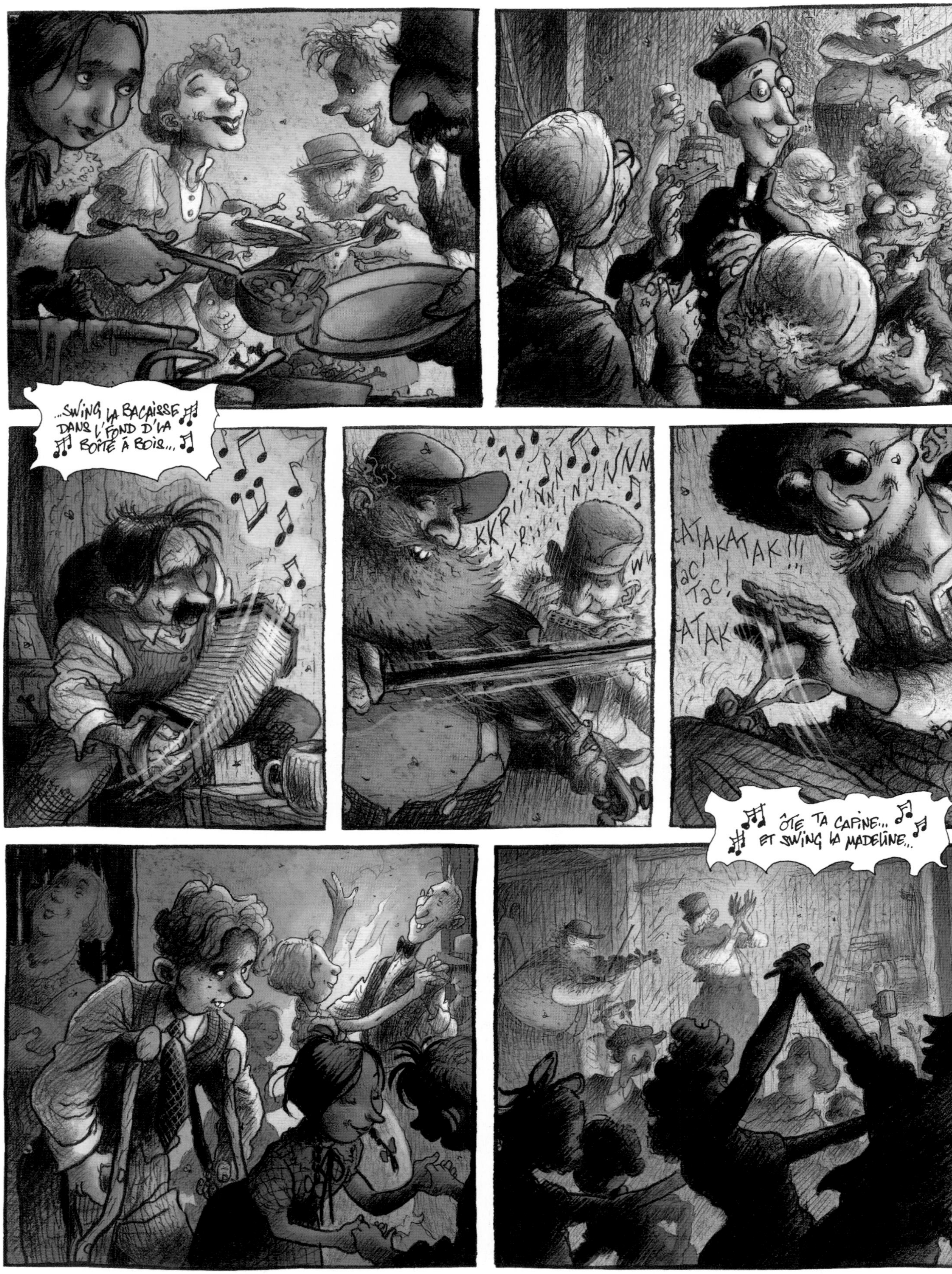
...SWING LA BACAISSE DANS L'FOND D'LA BOÎTE À BOIS...
KKR
CATAKATAK!!!
Tac! Tac!
ATAK
ÔTE TA CAPINE... ET SWING LA MADELINE...

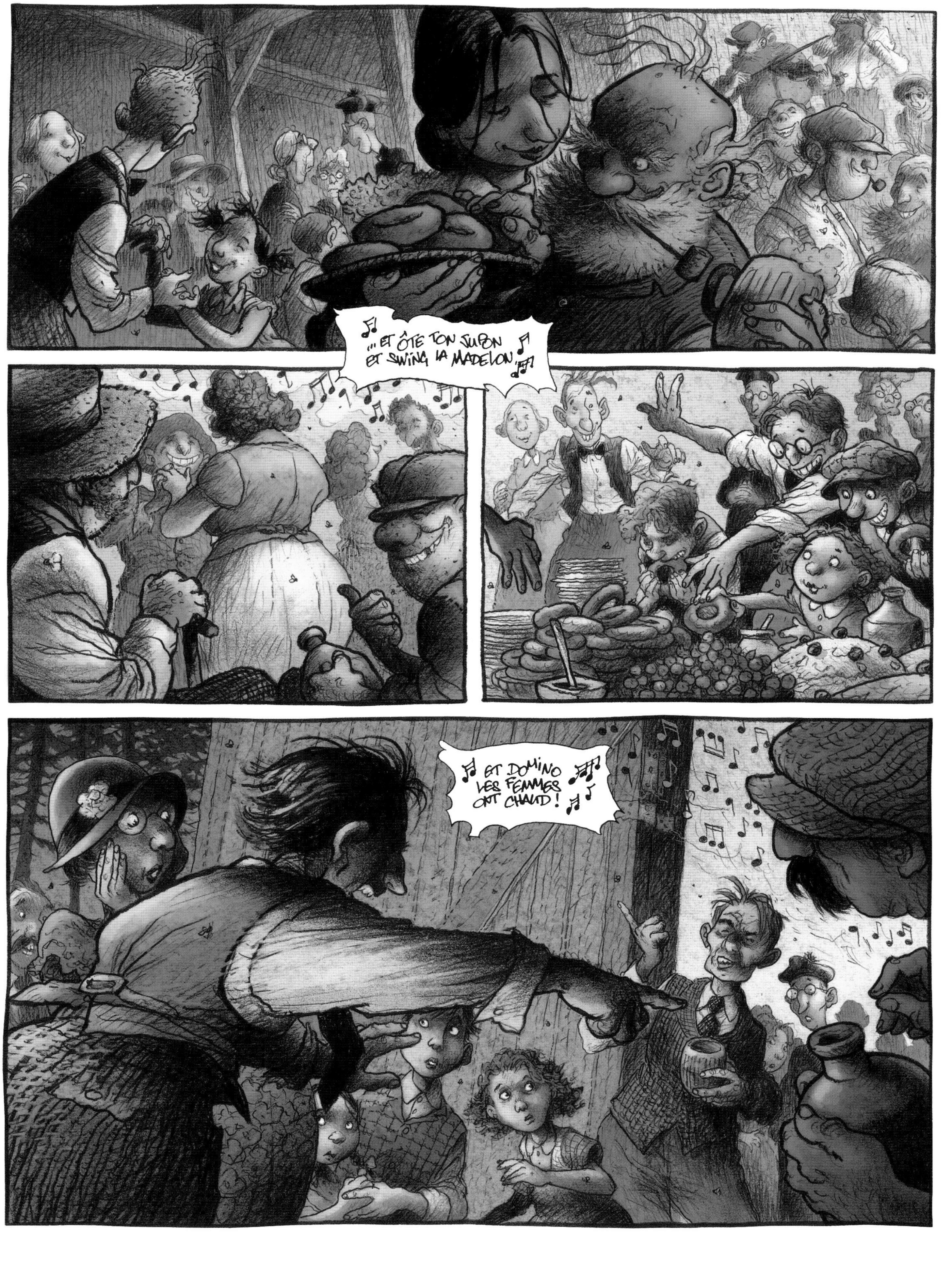
... ET ÔTE TON JUPON
ET SWING LA MADELON
ET DOMINO
LES FEMMES
ONT CHAUD !

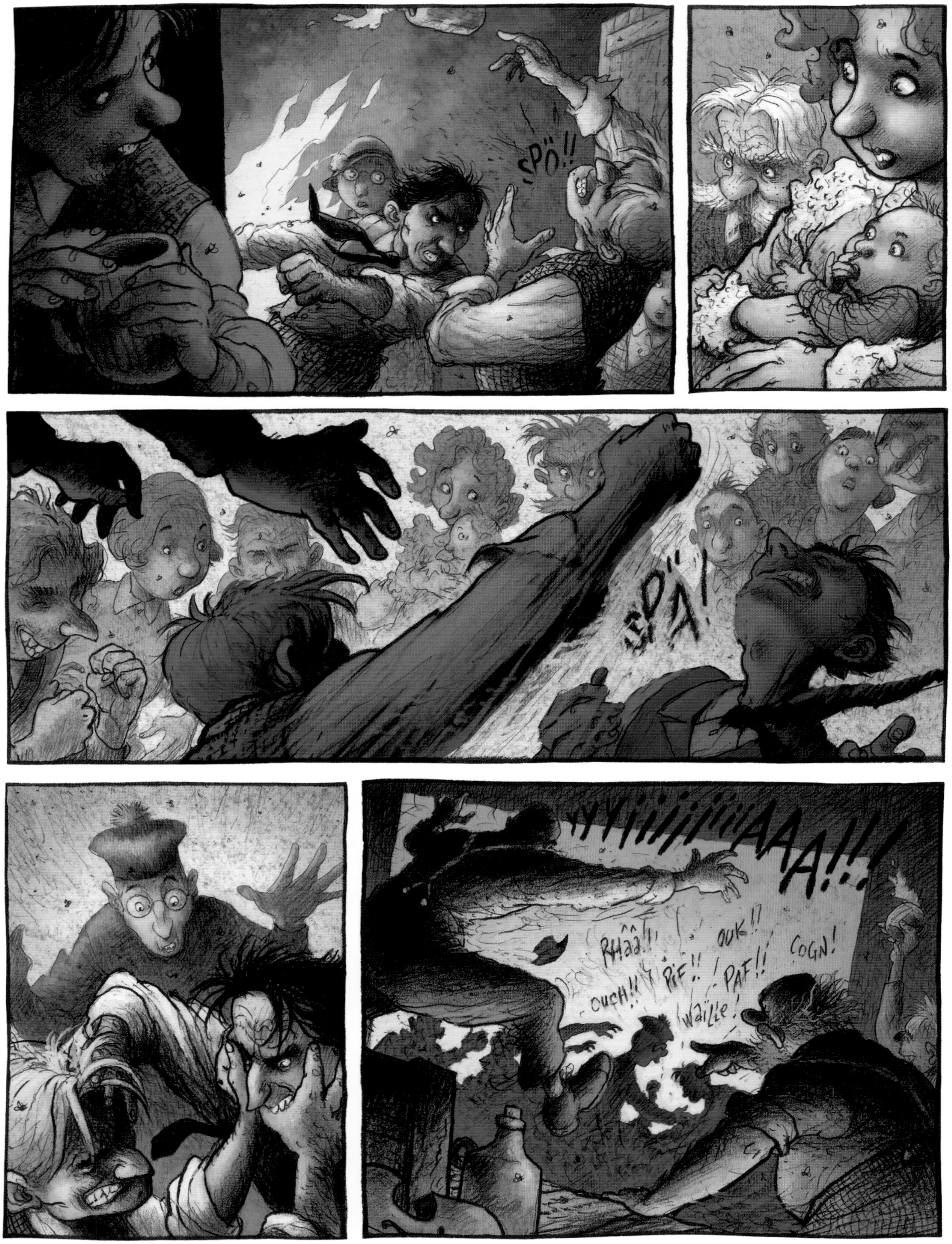
SPÖ!!
SPÄ!
YYIIIIIIIAAA!!!
RHÂÂ!!
OUK!!
COGN!
OUCH!!
PIF!!
PAF!!
WAÏLLE!

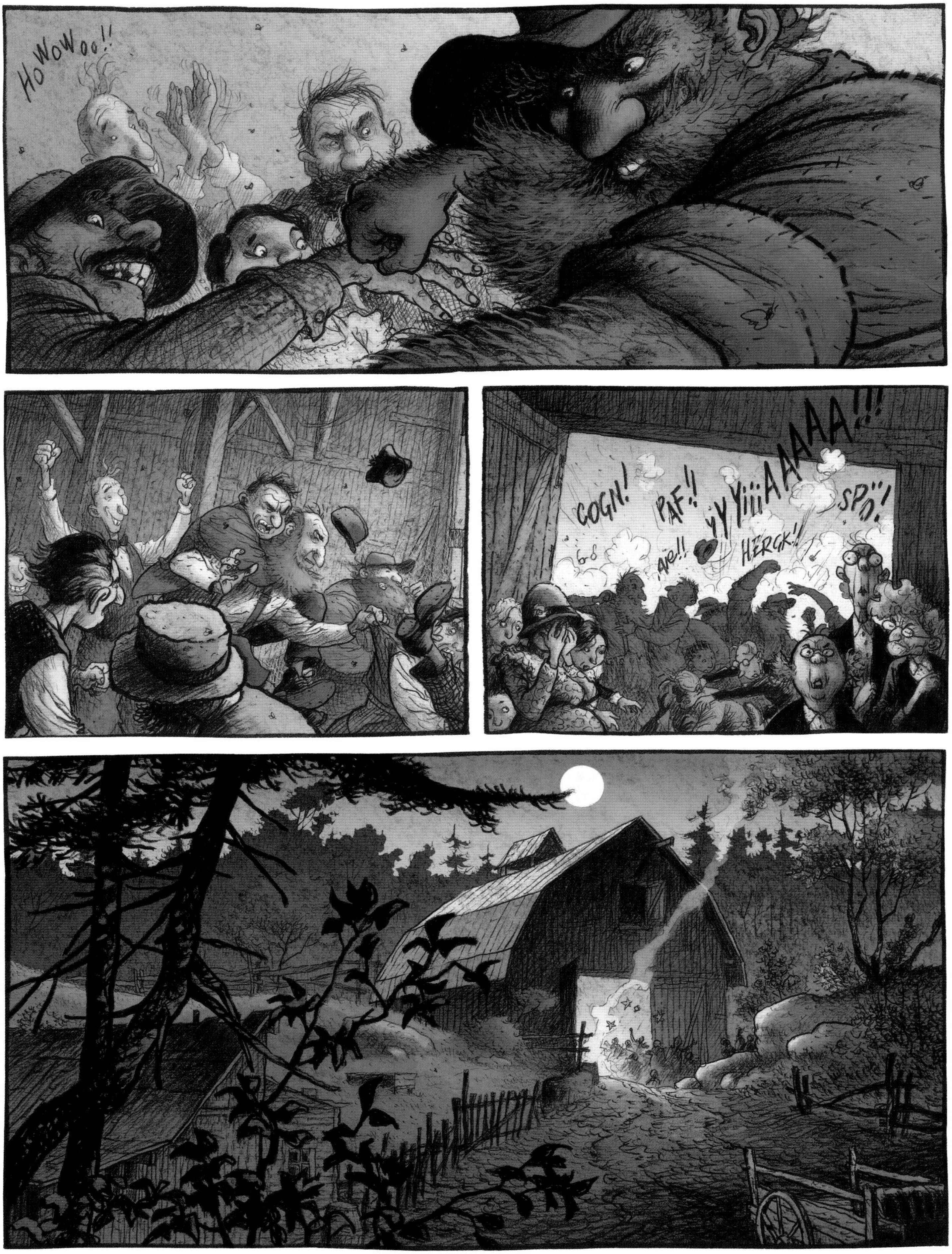
HoWoWoo!!
COGN!
PAF!!
YYYiiiAAAAAA!!!
SPÖ!
AÏE!!
HERGK!!

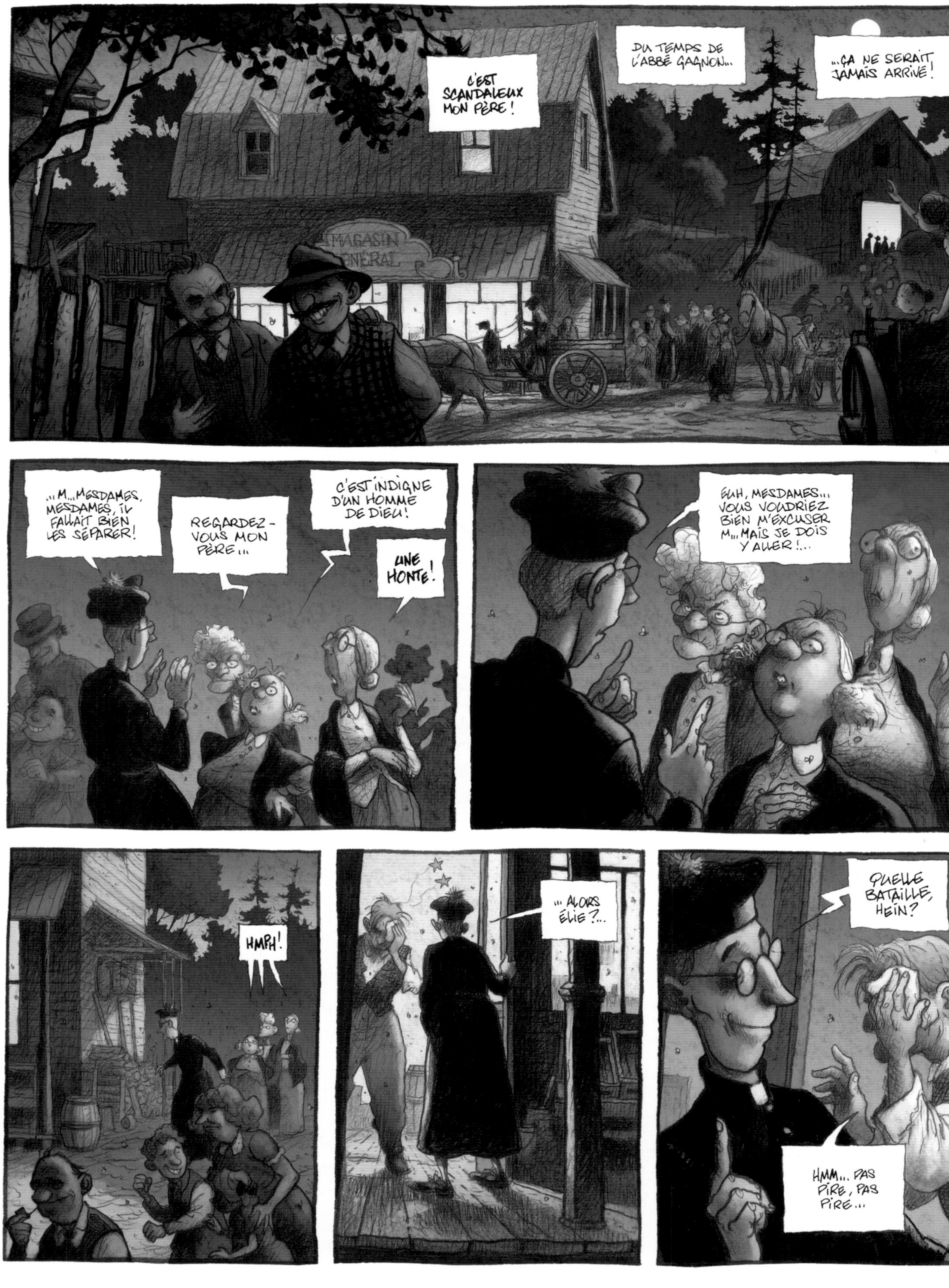
C'EST SCANDALEUX MON PÈRE !
DU TEMPS DE L'ABBÉ GAGNON...
...ÇA NE SERAIT JAMAIS ARRIVÉ !
MAGASIN GÉNÉRAL
...M...MESDAMES, MESDAMES, IL FALLAIT BIEN LES SÉPARER !
REGARDEZ-VOUS MON PÈRE...
C'EST INDIGNE D'UN HOMME DE DIEU !
UNE HONTE !
EUH, MESDAMES... VOUS VOUDRIEZ BIEN M'EXCUSER M... MAIS JE DOIS Y ALLER !...
HMPH !
...ALORS ÉLIE ?...
QUELLE BATAILLE, HEIN ?
HMM... PAS PIRE, PAS PIRE...

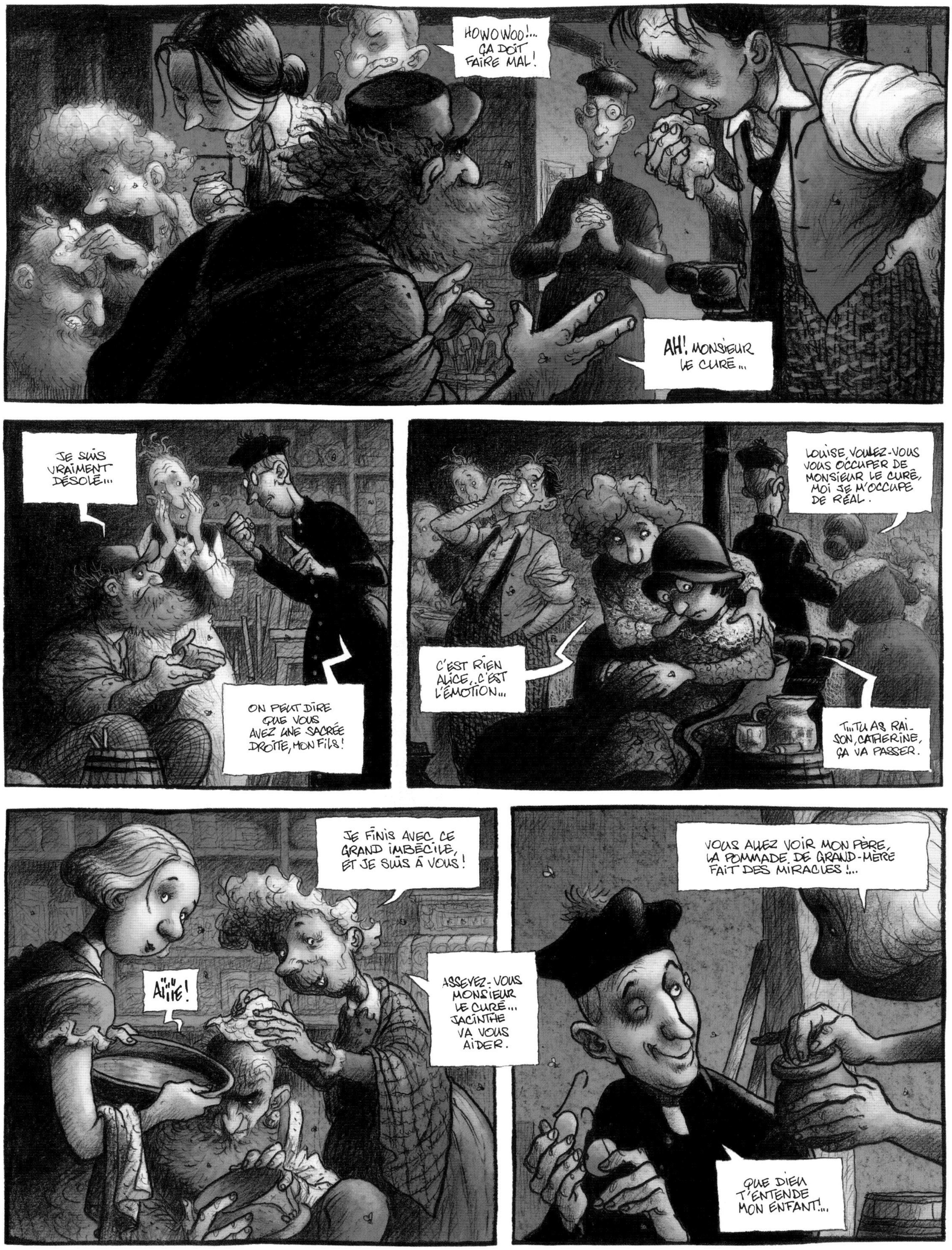
HOWOWOO!... ÇA DOIT FAIRE MAL!
AH! MONSIEUR LE CURÉ...
JE SUIS VRAIMENT DÉSOLÉ...
ON PEUT DIRE QUE VOUS AVEZ UNE SACRÉE DROITE, MON FILS!
LOUISE, VOULEZ-VOUS VOUS OCCUPER DE MONSIEUR LE CURÉ, MOI JE M'OCCUPE DE RÉAL.
C'EST RIEN ALICE, C'EST L'ÉMOTION...
T...TU AS RAISON, CATHERINE, ÇA VA PASSER.
JE FINIS AVEC CE GRAND IMBÉCILE, ET JE SUIS À VOUS!
AÏÏÏE!
ASSEYEZ-VOUS MONSIEUR LE CURÉ... JACINTHE VA VOUS AIDER.
VOUS ALLEZ VOIR MON PÈRE, LA POMMADE DE GRAND-MÈRE FAIT DES MIRACLES!...
QUE DIEU T'ENTENDE MON ENFANT!...

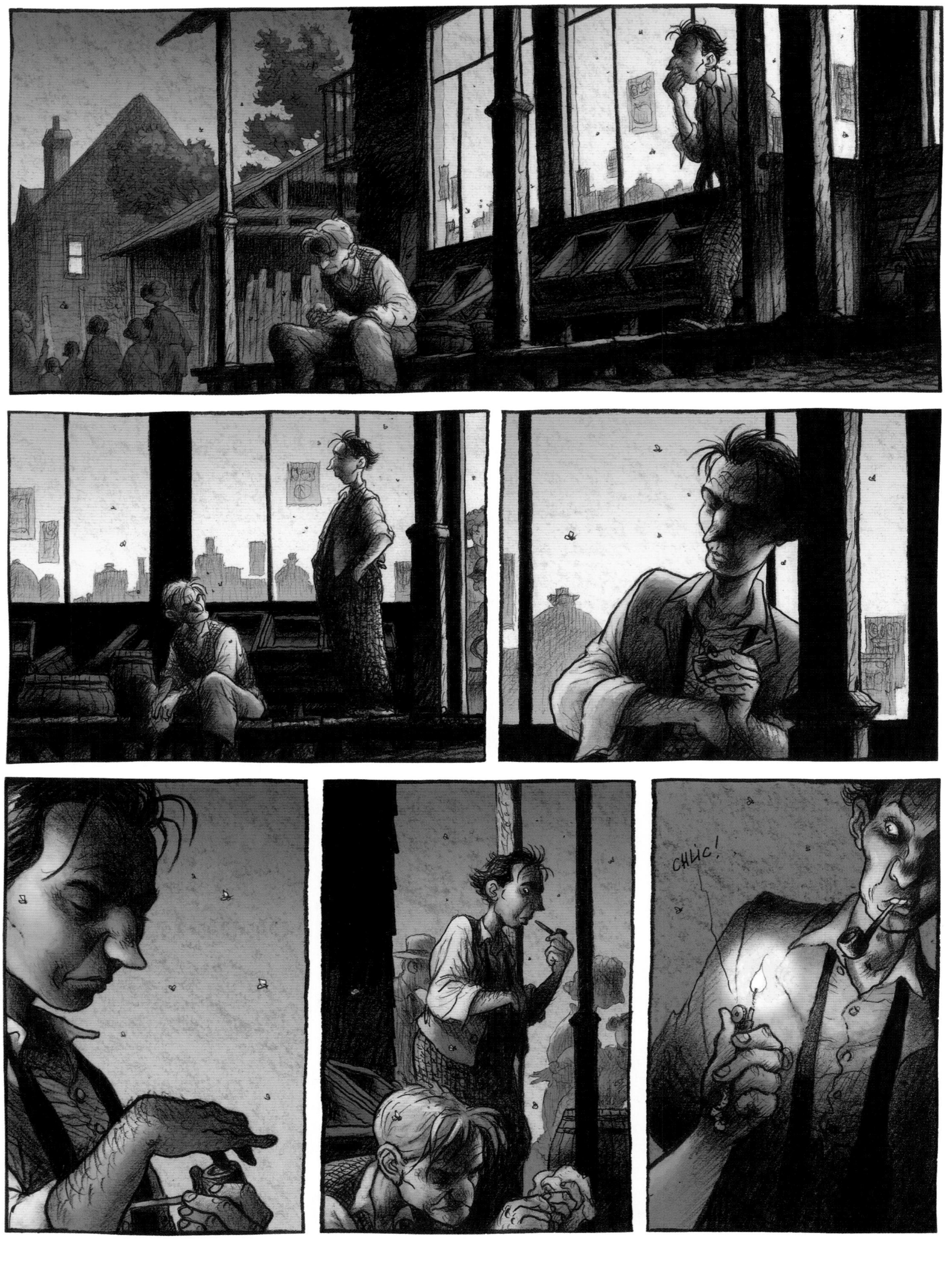
CHLIC!

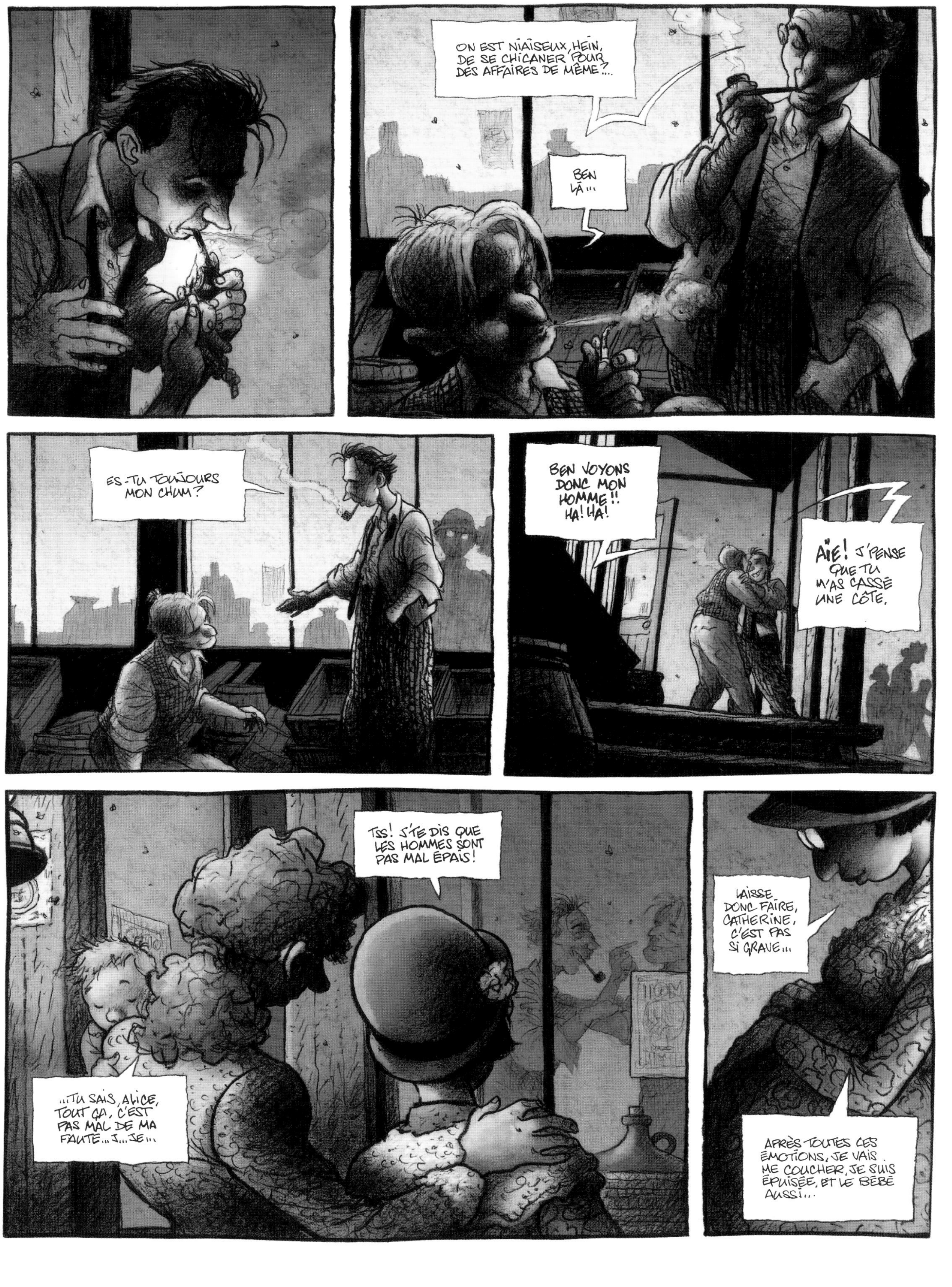

ON EST NIAISEUX, HEIN, DE SE CHICANER POUR DES AFFAIRES DE MÊME?...
BEN LÀ...
ES-TU TOUJOURS MON CHUM?
BEN VOYONS DONC MON HOMME!! HA! HA!
AÏE! J'PENSE QUE TU M'AS CASSÉ UNE CÔTE.
TSS! J'TE DIS QUE LES HOMMES SONT PAS MAL ÉPAIS!
...TU SAIS, ALICE, TOUT ÇA, C'EST PAS MAL DE MA FAUTE... J... JE...
LAISSE DONC FAIRE, CATHERINE, C'EST PAS SI GRAVE...
APRÈS TOUTES CES ÉMOTIONS, JE VAIS ME COUCHER, JE SUIS ÉPUISÉE, ET LE BÉBÉ AUSSI...

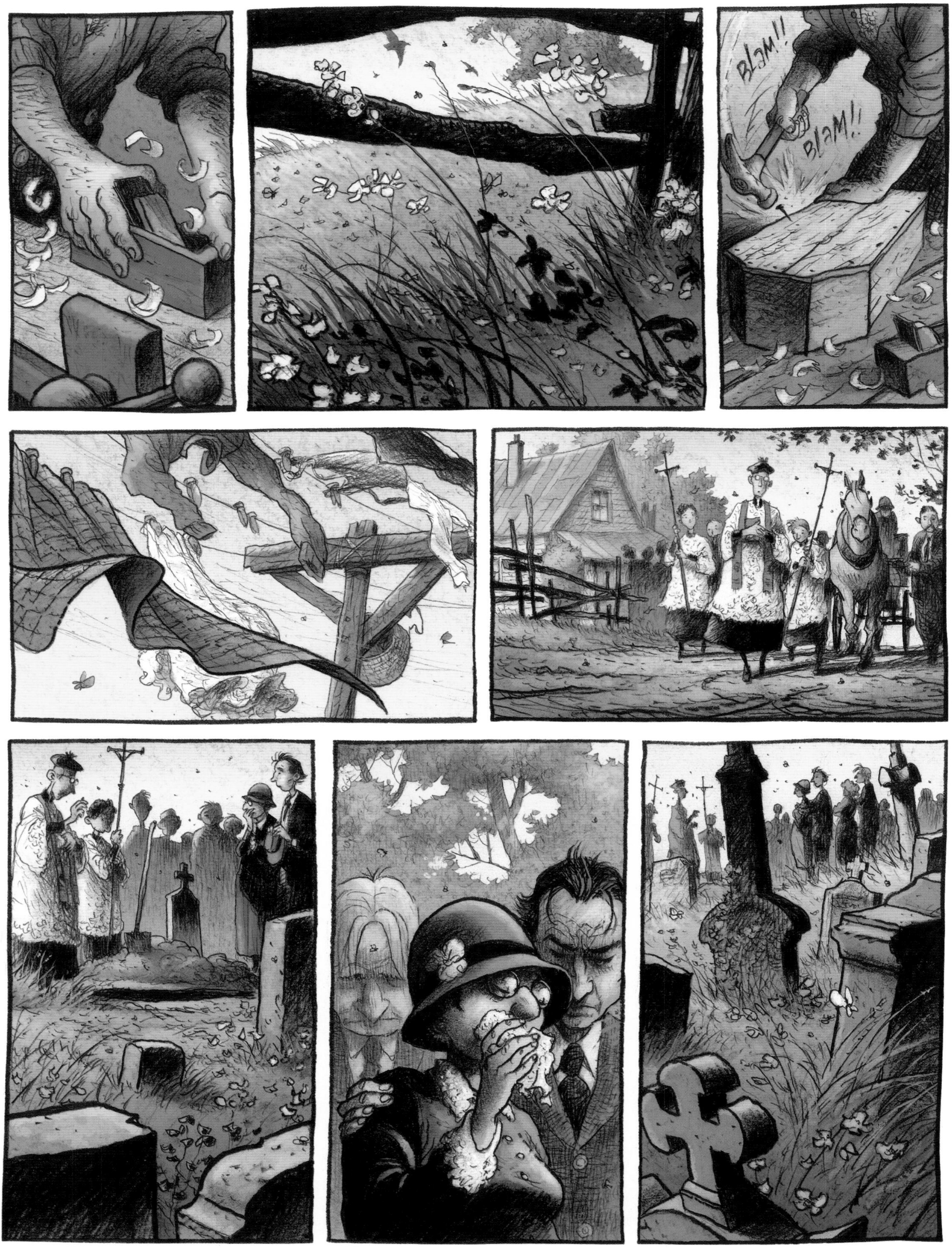
BLAM!!
BLAM!!

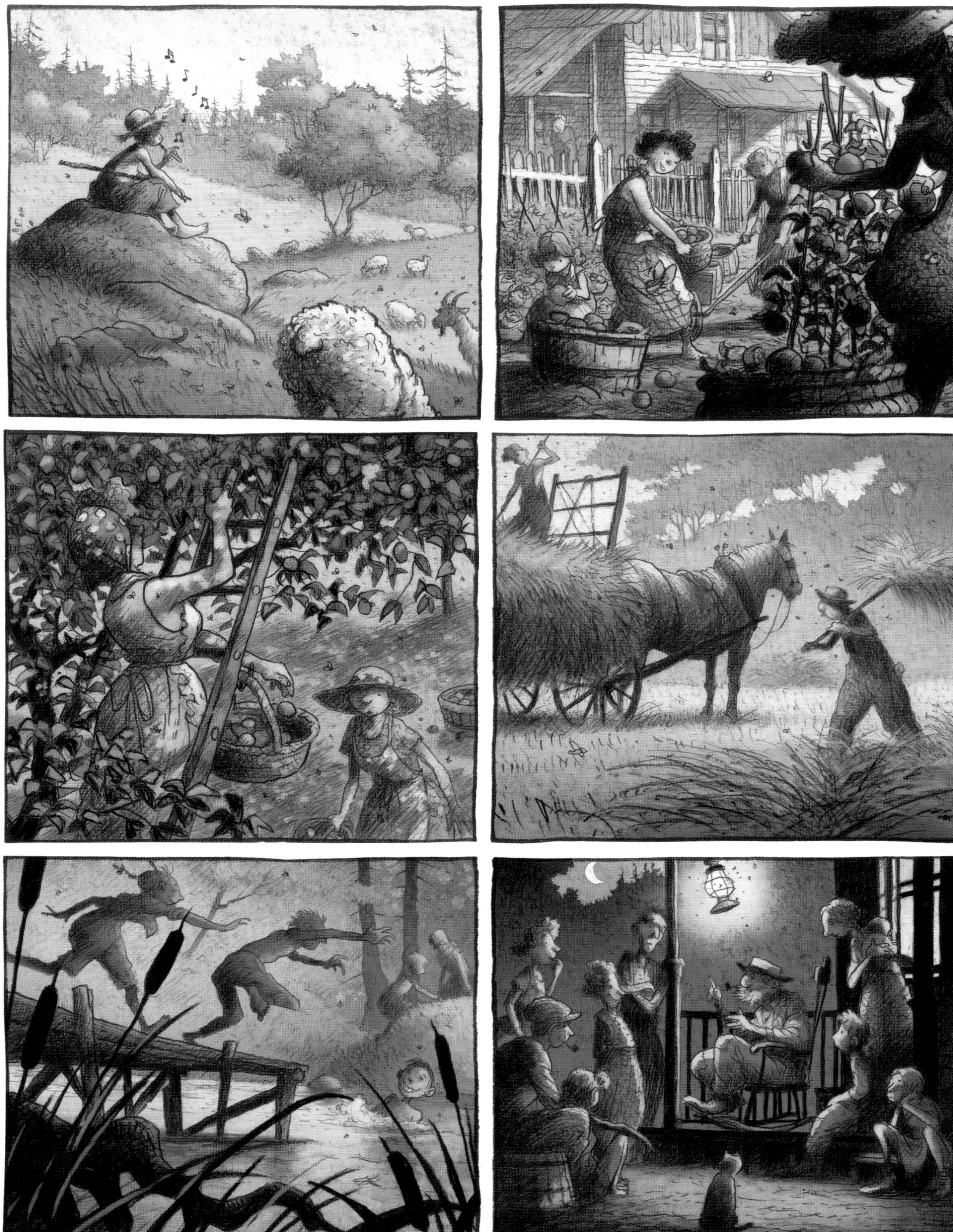

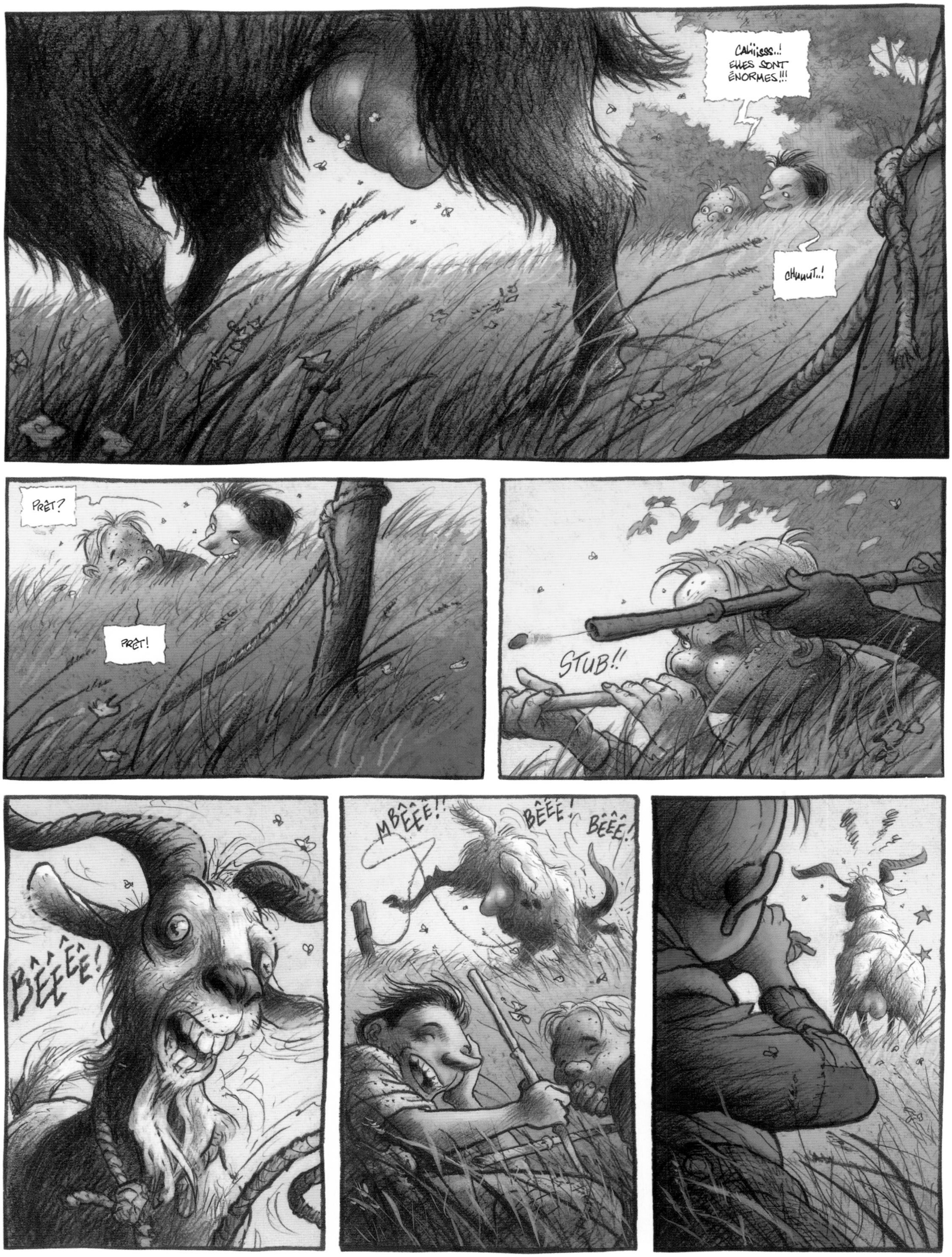
CALIÏSSS..! ELLES SONT ÉNORMES!!!
CHUUUT..!
PRÊT?
PRÊT!
STUB!!
BÊÊÊÊ!
MBÊÊÊ!!
BÊÊÊ!
BÊÊÊ!

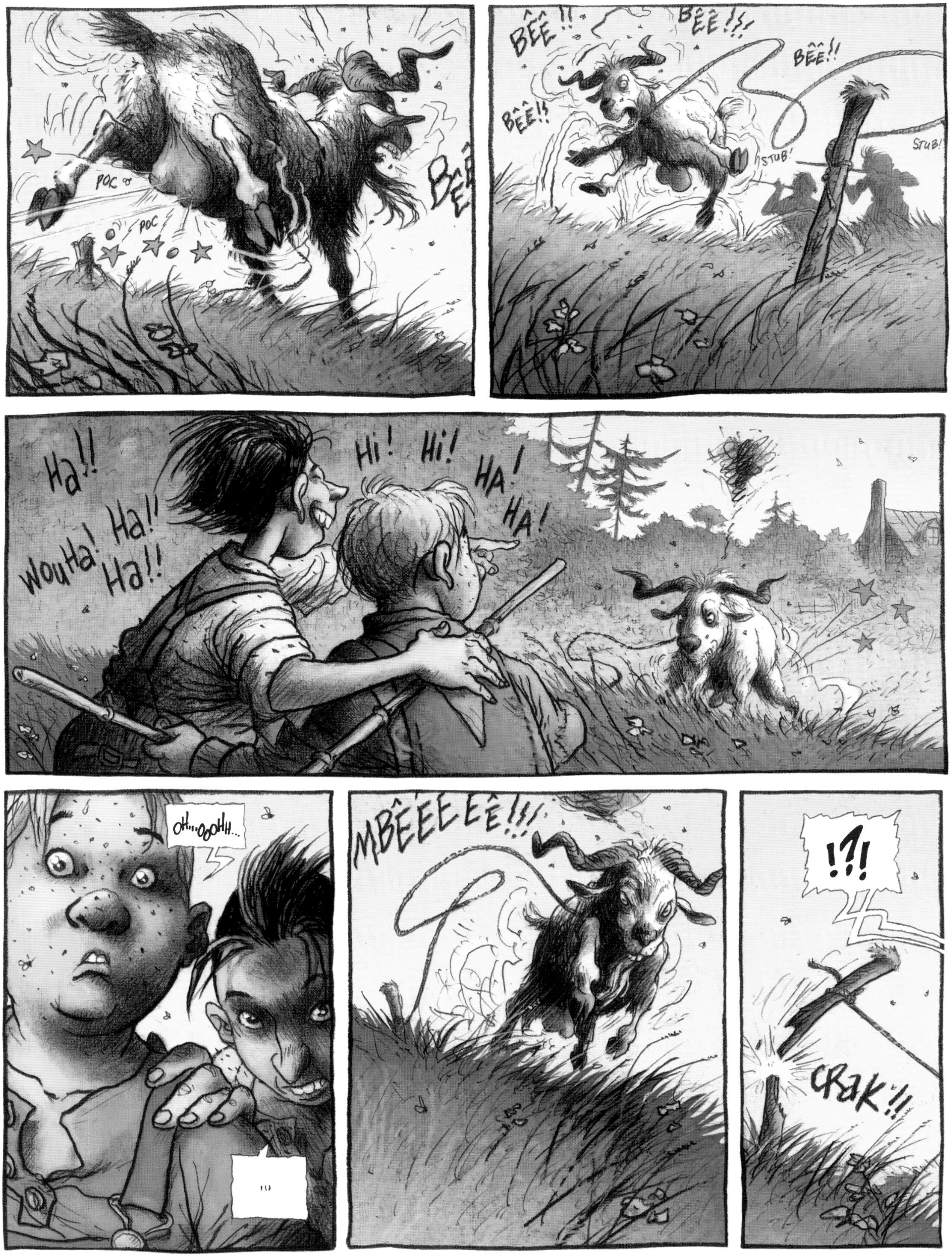
POC
POC
BÊÊ!!
BÊÊ!!!
BÊÊ!!
BÊÊ!!
STUB!
STUB!
Ha!!
Hi! Hi!
HA! HA!
WouHa! Ha!! Ha!!
OH...OOHH...
MBÊÊÊÊÊ!!!
!?!
CRAK!!

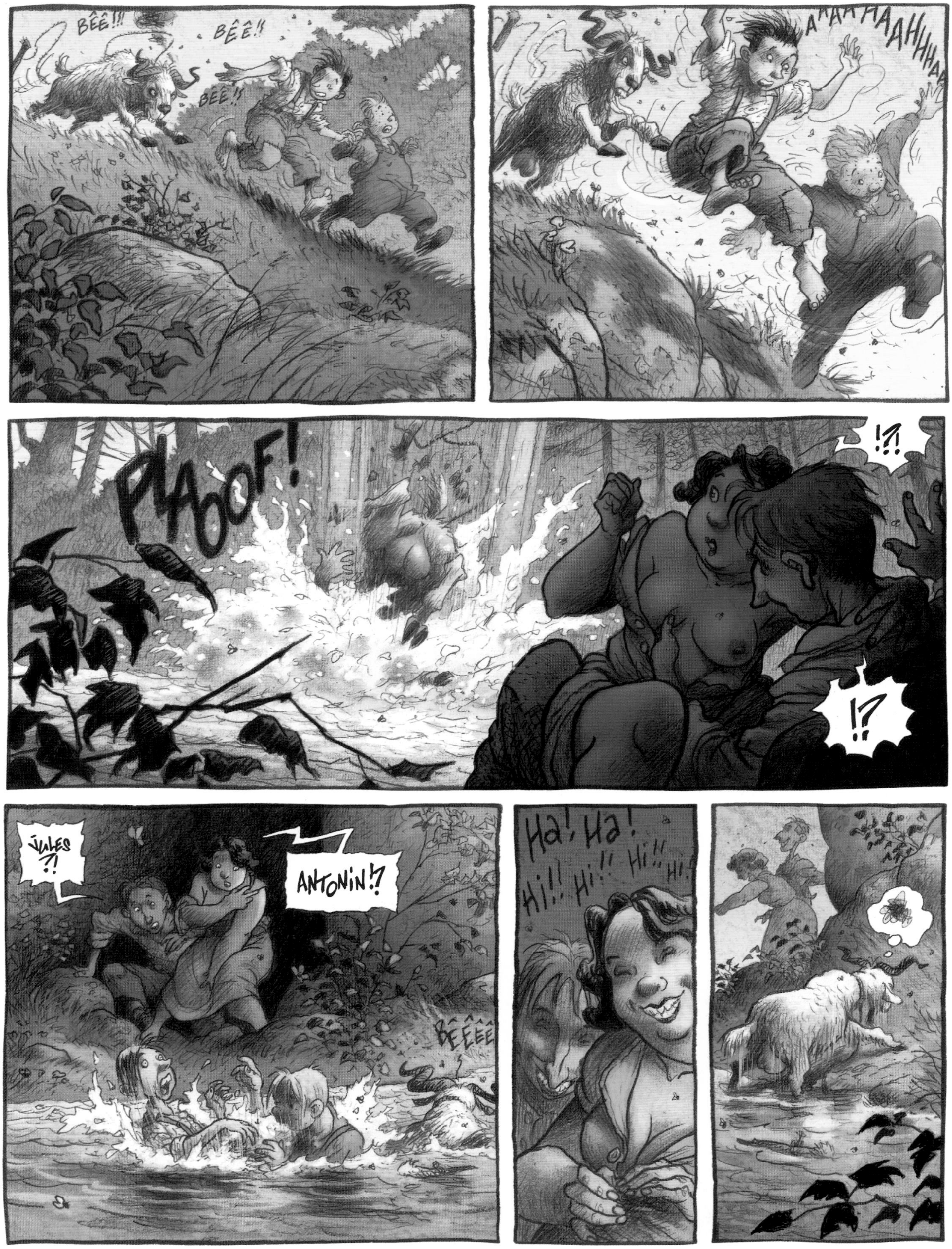
BÊÊ!!!
BÊÊ!!
BÊÊ!!
AAAAAAAHHHHA
PLAOOF!
!?!
!?
JULES ?!
ANTONIN !?
BÊÊÊÊ
Ha! Ha!
Hi!! Hi!! Hi!! Hi!!

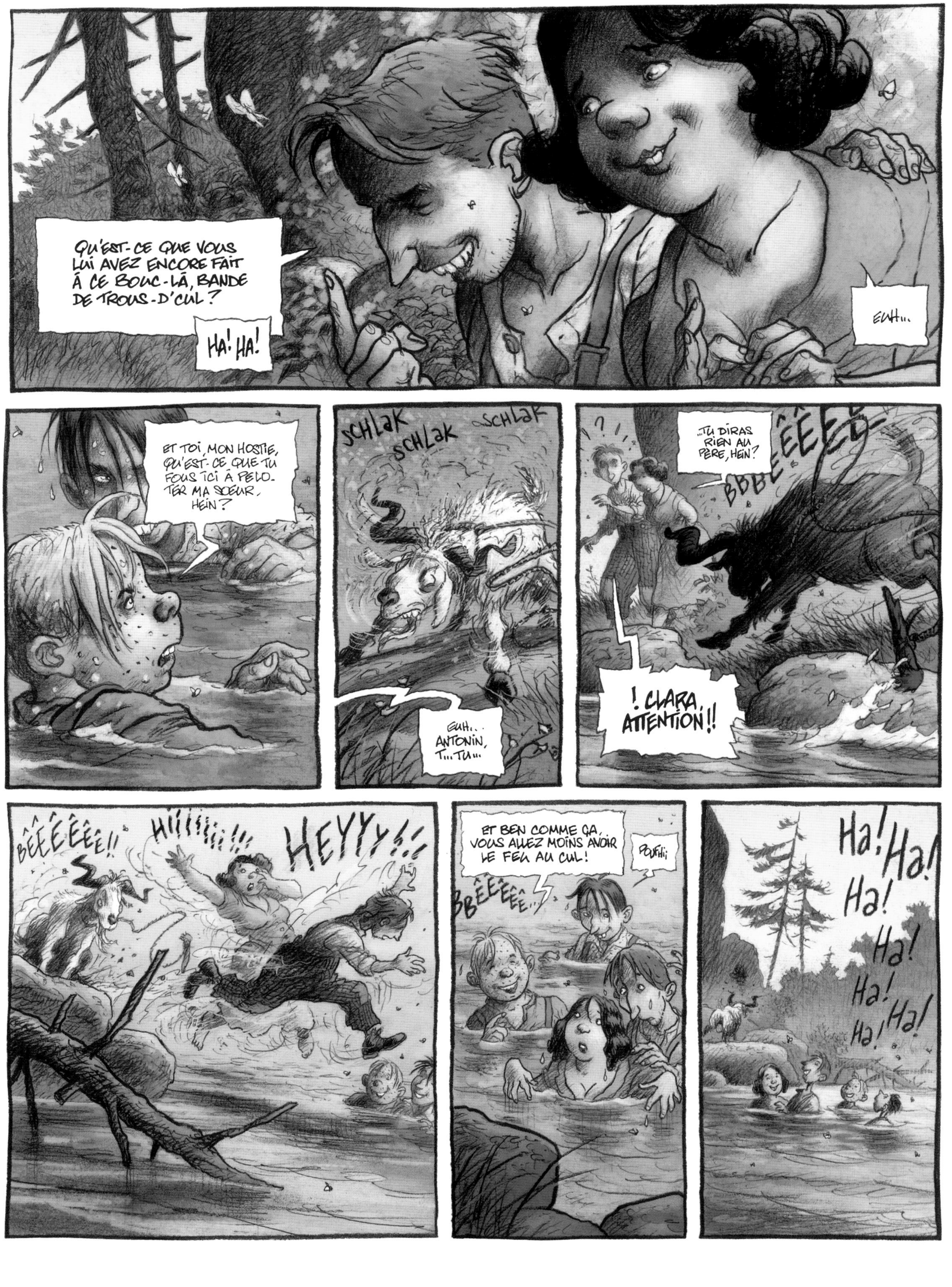
QU'EST-CE QUE VOUS LUI AVEZ ENCORE FAIT À CE BOUC-LÀ, BANDE DE TROUS-D'CUL ?
HA! HA!
EUH...
ET TOI, MON HOSTIE, QU'EST-CE QUE TU FOUS ICI À PELOTER MA SOEUR, HEIN ?
SCHLAK SCHLAK SCHLAK
EUH... ANTONIN, T... TU...
...TU DIRAS RIEN AU PÈRE, HEIN ?
BBBÊÊÊÊÊ
! CLARA, ATTENTION !!
BÊÊÊÊÊÊ!!
HIIIIIII!!!
HEYYY!!!
ET BEN COMME ÇA, VOUS ALLEZ MOINS AVOIR LE FEU AU CUL !
POUFHI
BÊÊÊÊÊ...
Ha! Ha! Ha! Ha! Ha! Ha! Ha!

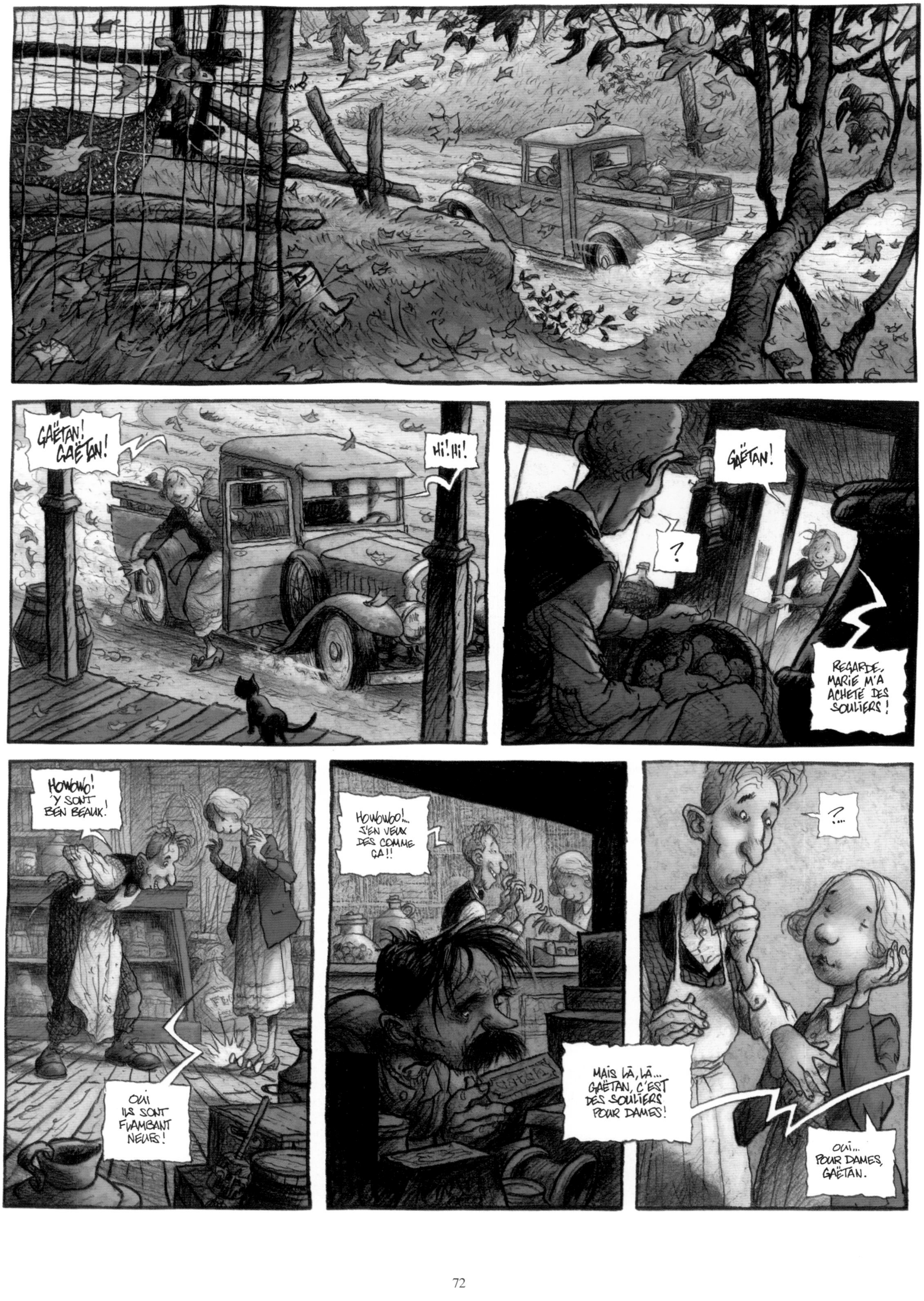
GAËTAN! GAËTAN!
HI! HI!
GAËTAN!
?
REGARDE. MARIE M'A ACHETÉ DES SOULIERS!
HOWOWO! 'Y SONT BEN BEAUX!
OUI ILS SONT FLAMBANT NEUFS!
HOWOWOO!.. J'EN VEUX DES COMME ÇA!!
?...
MAIS LÀ, LÀ... GAËTAN, C'EST DES SOULIERS POUR DAMES!
OUI... POUR DAMES, GAËTAN.

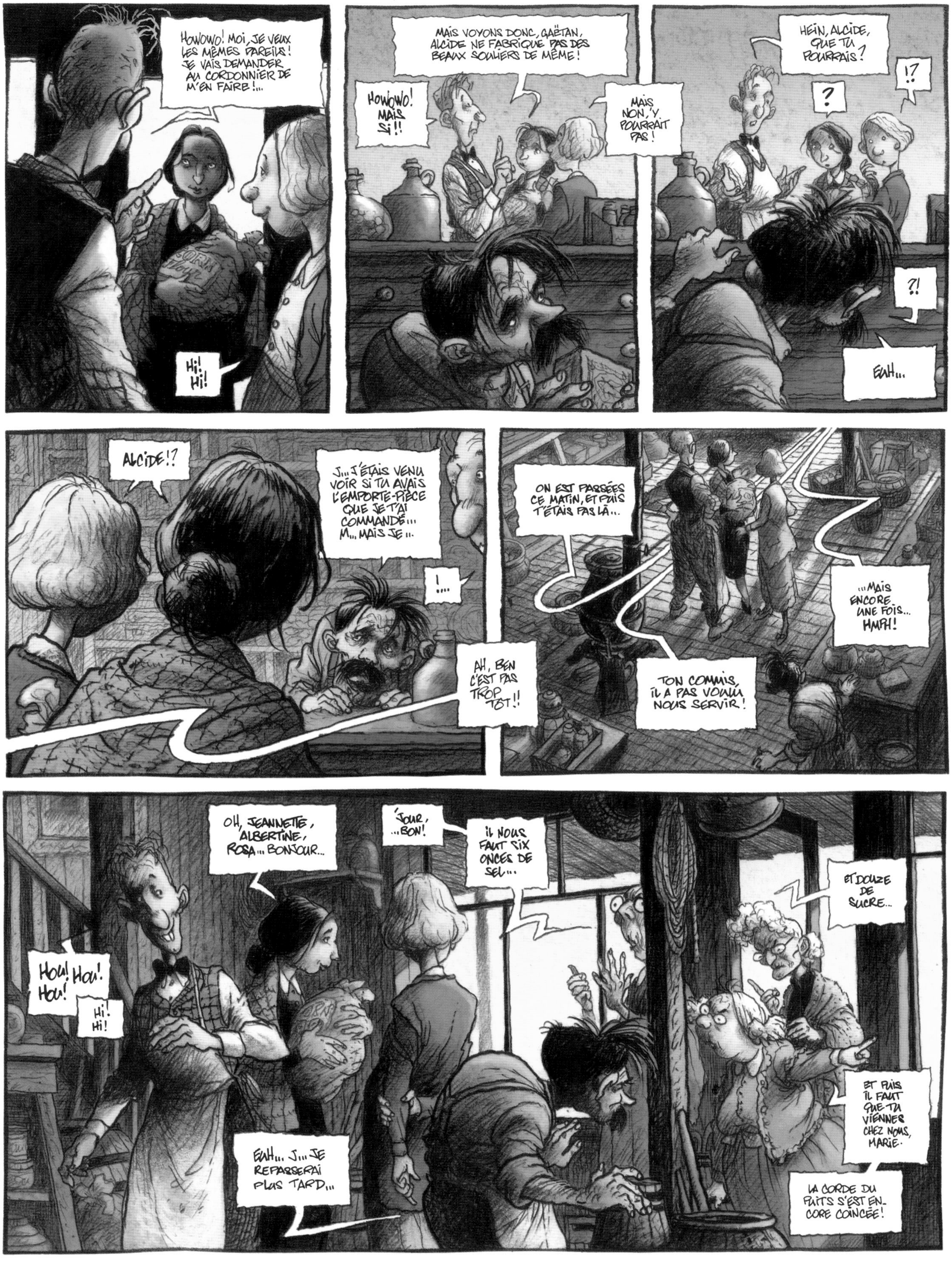

HOWOWO! MOI, JE VEUX LES MÊMES PAREILS! JE VAIS DEMANDER AU CORDONNIER DE M'EN FAIRE!...
HI! HI!
MAIS VOYONS DONC, GAËTAN, ALCIDE NE FABRIQUE PAS DES BEAUX SOULIERS DE MÊME!
HOWOWO! MAIS SI!!
MAIS NON, Y POURRAIT PAS!
HEIN, ALCIDE, QUE TU POURRAIS?
?
!?
?!
EUH...
ALCIDE!?
J... J'ÉTAIS VENU VOIR SI TU AVAIS L'EMPORTE-PIÈCE QUE JE T'AI COMMANDÉ... M... MAIS JE...
!...
AH, BEN C'EST PAS TROP TÔT!!
ON EST PASSÉES CE MATIN, ET PUIS T'ÉTAIS PAS LÀ...
TON COMMIS, IL A PAS VOULU NOUS SERVIR!
...MAIS ENCORE UNE FOIS... HMPH!
OH, JEANNETTE, ALBERTINE, ROSA... BONJOUR...
HOU! HOU! HOU!
HI! HI!
'JOUR, ...BON!
IL NOUS FAUT SIX ONCES DE SEL...
ET DOUZE DE SUCRE...
EUH... J... JE REPASSERAI PLUS TARD...
ET PUIS IL FAUT QUE TU VIENNES CHEZ NOUS, MARIE.
LA CORDE DU PUITS S'EST ENCORE COINCÉE!

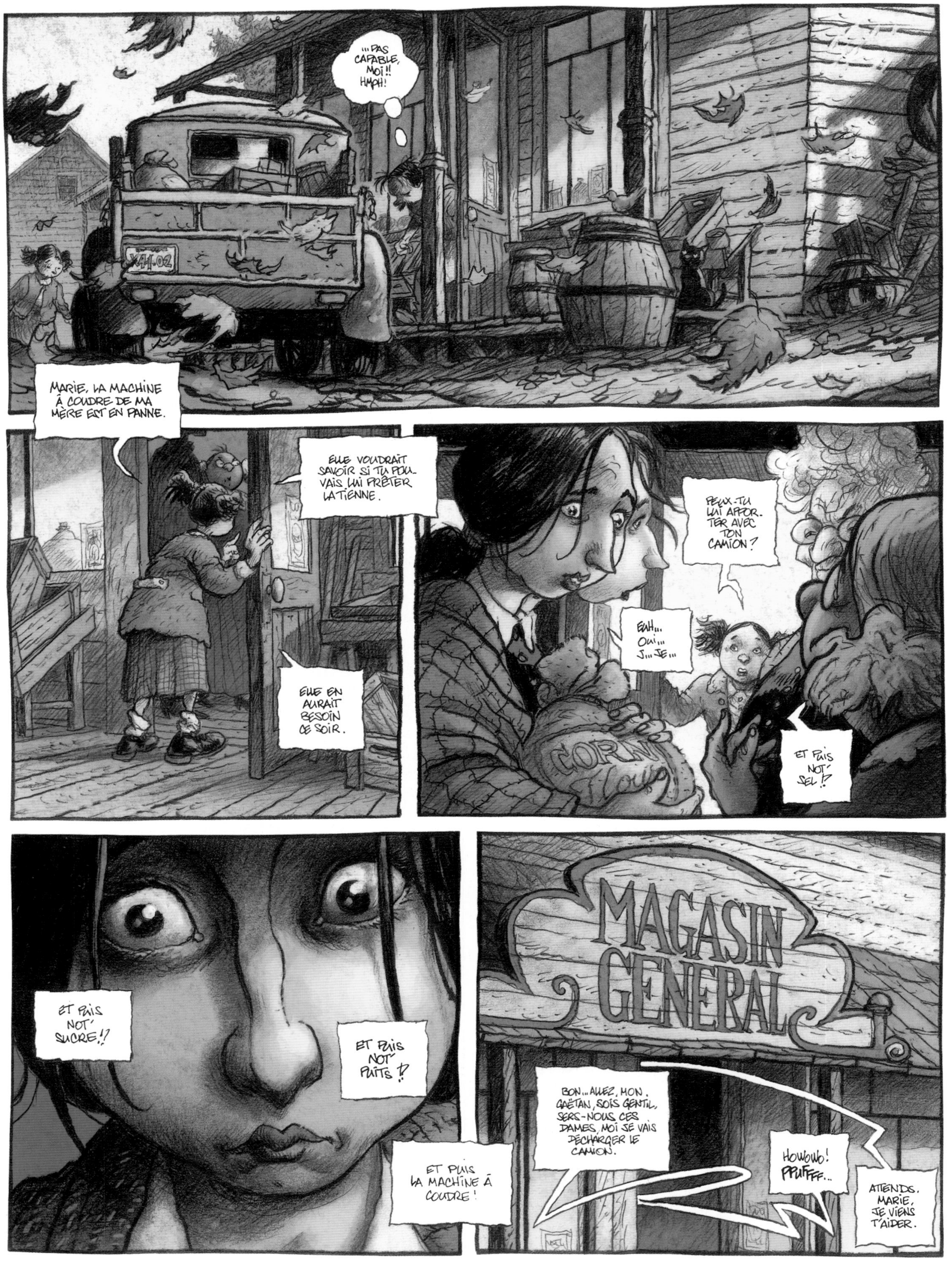
...PAS CAPABLE, MOI!! HMPH!
MARIE, LA MACHINE À COUDRE DE MA MÈRE EST EN PANNE.
ELLE VOUDRAIT SAVOIR SI TU POUVAIS LUI PRÊTER LA TIENNE.
ELLE EN AURAIT BESOIN CE SOIR.
PEUX-TU LUI APPORTER AVEC TON CAMION?
EUH... OUI... J... JE...
CORN FLOUR
ET PUIS NOT' SEL!?
ET PUIS NOT' SUCRE!?
ET PUIS NOT' PUITS!?
ET PUIS LA MACHINE À COUDRE!
MAGASIN GENERAL
BON... ALLEZ, MON GAÉTAN, SOIS GENTIL, SERS-NOUS CES DAMES, MOI JE VAIS DÉCHARGER LE CAMION.
HOWOWO! PFUFFF...
ATTENDS, MARIE, JE VIENS T'AIDER.

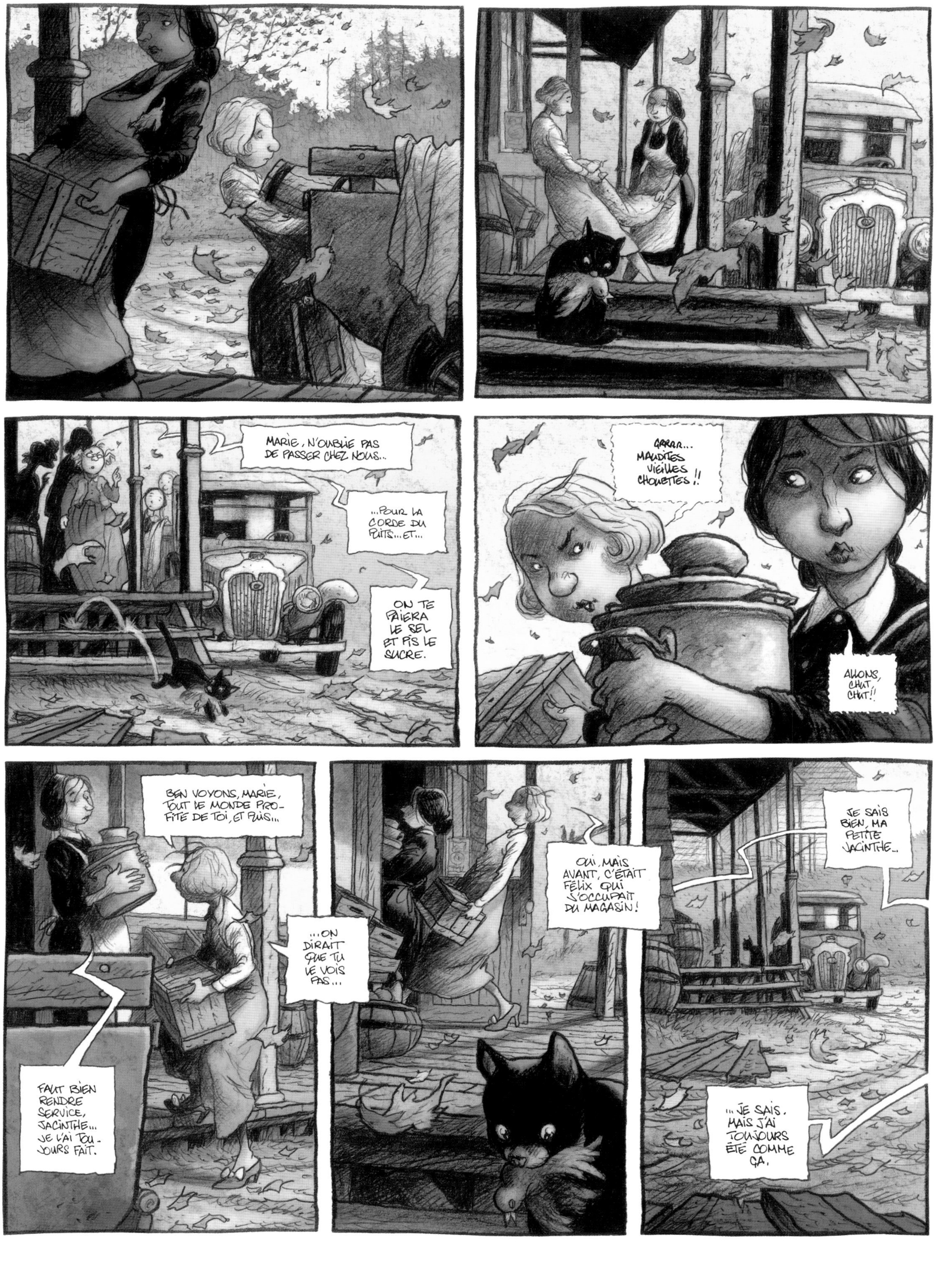
MARIE, N'OUBLIE PAS DE PASSER CHEZ NOUS..
...POUR LA CORDE DU PUITS...ET...
ON TE PAIERA LE SEL ET PIS LE SUCRE.
GRRRR... MAUDITES VIEILLES CHOUETTES!!
ALLONS, CHUT, CHUT!!
BEN VOYONS, MARIE, TOUT LE MONDE PROFITE DE TOI, ET PUIS...
...ON DIRAIT QUE TU LE VOIS PAS...
FAUT BIEN RENDRE SERVICE, JACINTHE... JE L'AI TOUJOURS FAIT.
OUI, MAIS AVANT, C'ÉTAIT FÉLIX QUI S'OCCUPAIT DU MAGASIN!
JE SAIS BIEN, MA PETITE JACINTHE...
...JE SAIS. MAIS J'AI TOUJOURS ÉTÉ COMME ÇA.

J'PENSE QU'UNE FOIS FUMÉ, ON AURA DE QUOI TENIR UN BOUTE!

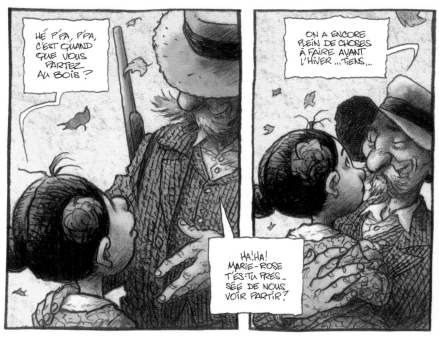

HÉ P'PA, P'PA, C'EST QUAND QUE VOUS PARTEZ AU BOIS ?

ON A ENCORE PLEIN DE CHOSES À FAIRE AVANT L'HIVER ...,TIENS...

HA!HA! MARIE-ROSE T'ES-TU PRES-SÉE DE NOUS VOIR PARTIR?

FAUT RAMASSER LES PATATES, ET PUIS 'Y A LA GRANGE À RÉPARER.

LA GALERIE À REPEINTURER, MAIS AVANT, LA SEMAINE PROCHAINE...

...ON VA BRAYER LE LIN.

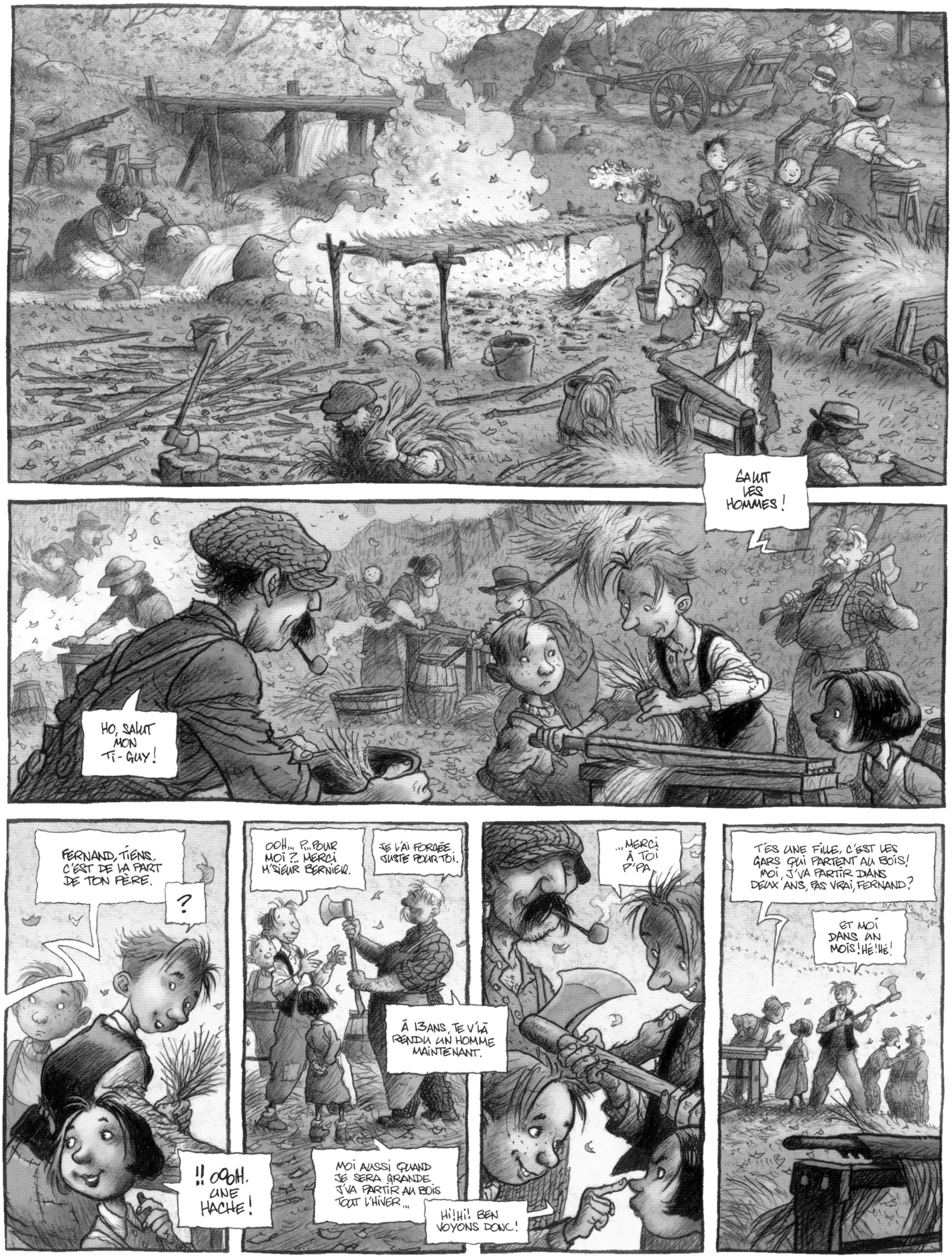

SALUT LES HOMMES !
HO, SALUT MON TI-GUY !
FERNAND, TIENS, C'EST DE LA PART DE TON PÈRE.
?
!! OOOH. UNE HACHE !
OOH... P...POUR MOI ?.. MERCI M'SIEUR BERNIER.
JE L'AI FORGÉE JUSTE POUR TOI.
À 13 ANS, TE V'LÀ RENDU UN HOMME MAINTENANT.
MOI AUSSI QUAND JE SERA GRANDE J'VA PARTIR AU BOIS TOUT L'HIVER...
...MERCI À TOI P'PA.
HI! HI! BEN VOYONS DONC !
T'ES UNE FILLE, C'EST LES GARS QUI PARTENT AU BOIS ! MOI, J'VA PARTIR DANS DEUX ANS, PAS VRAI, FERNAND ?
ET MOI DANS UN MOIS ! HÉ ! HÉ !

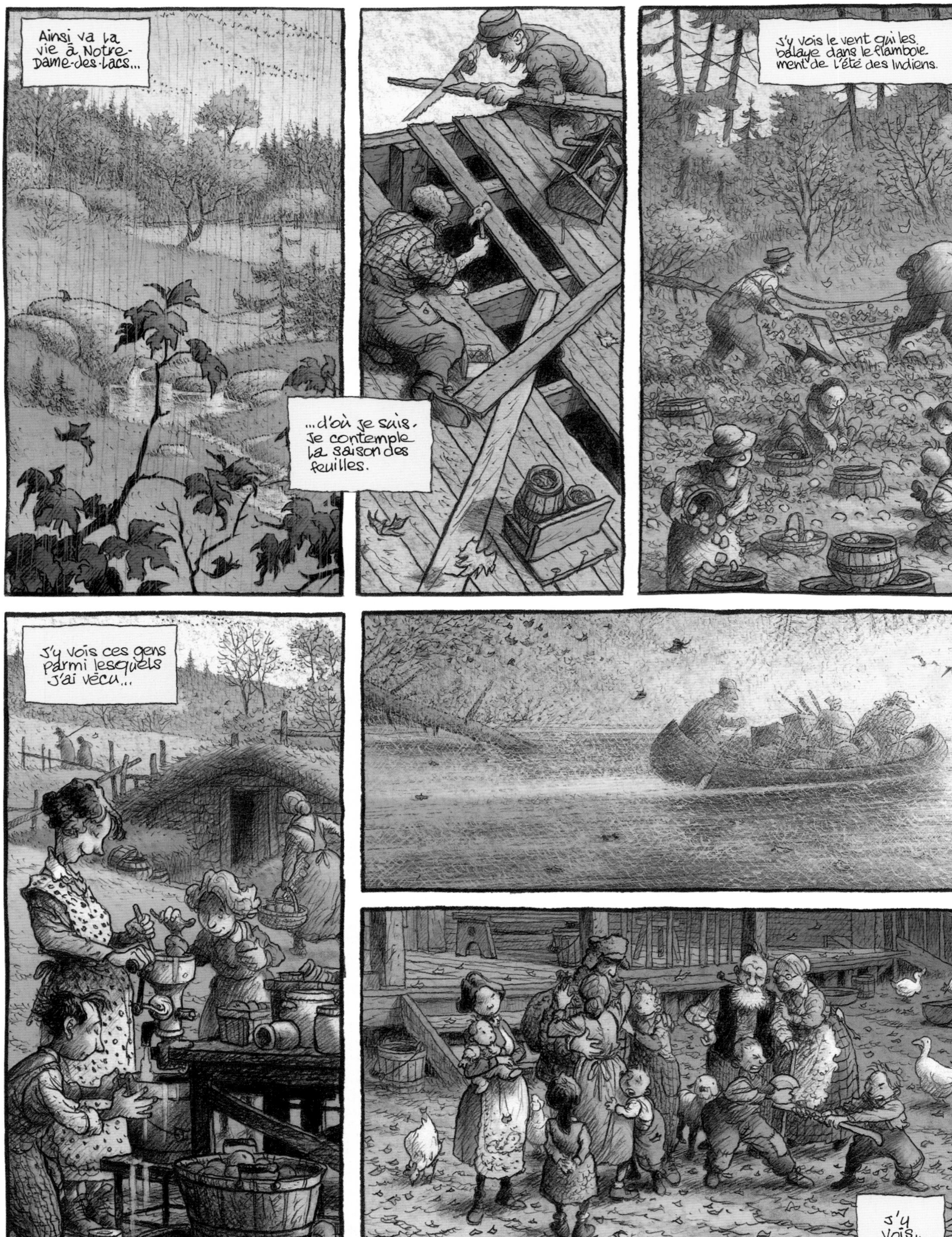
Ainsi va la vie à Notre-Dame-des-Lacs...
...d'où je suis. Je contemple la saison des feuilles.
J'y vois le vent qui les balaye dans le flamboiement de l'été des Indiens.
J'y vois ces gens parmi lesquels j'ai vécu...
J'y vois...

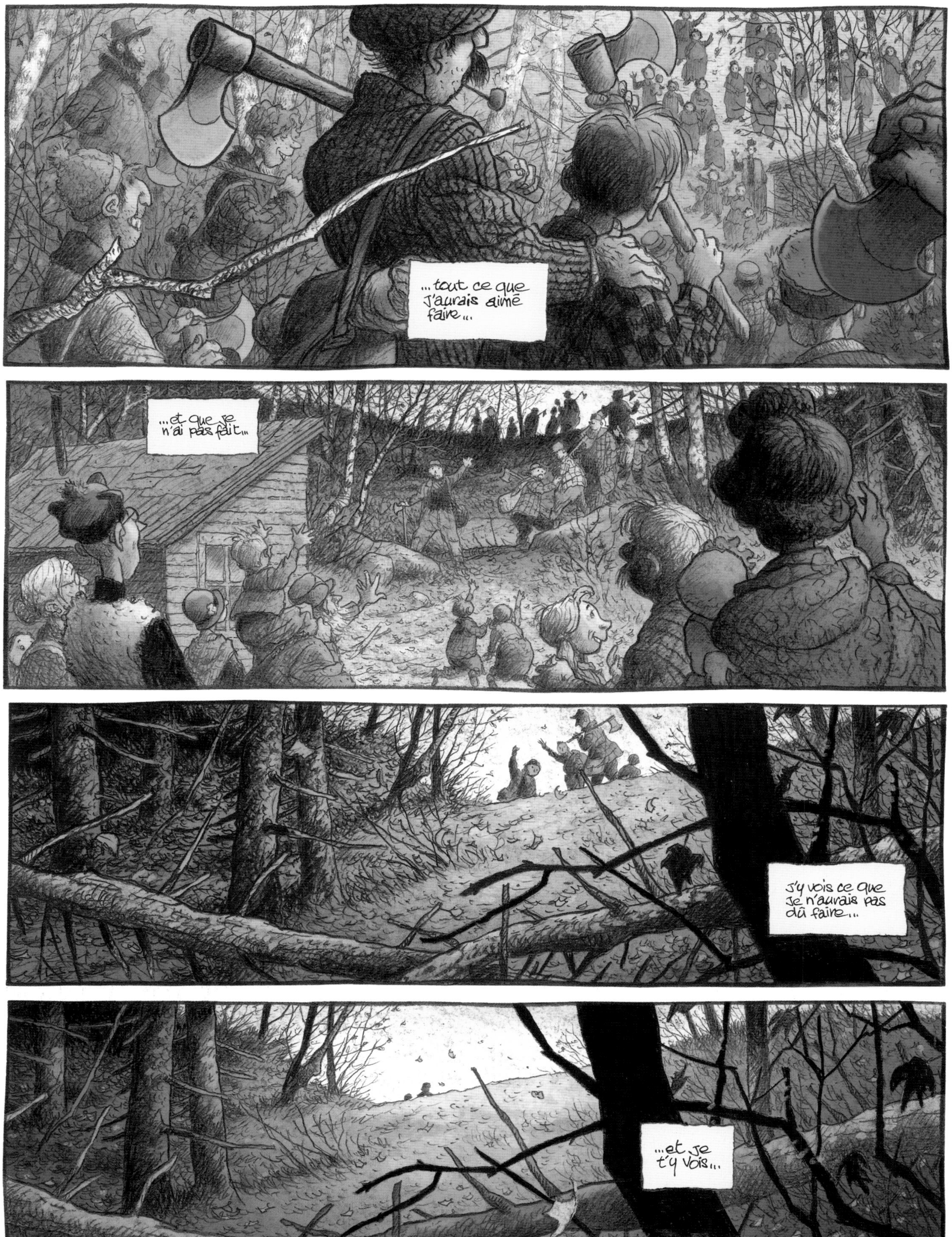
...tout ce que j'aurais aimé faire...
...et que je n'ai pas fait...
J'y vois ce que je n'aurais pas dû faire...
...et je t'y vois...

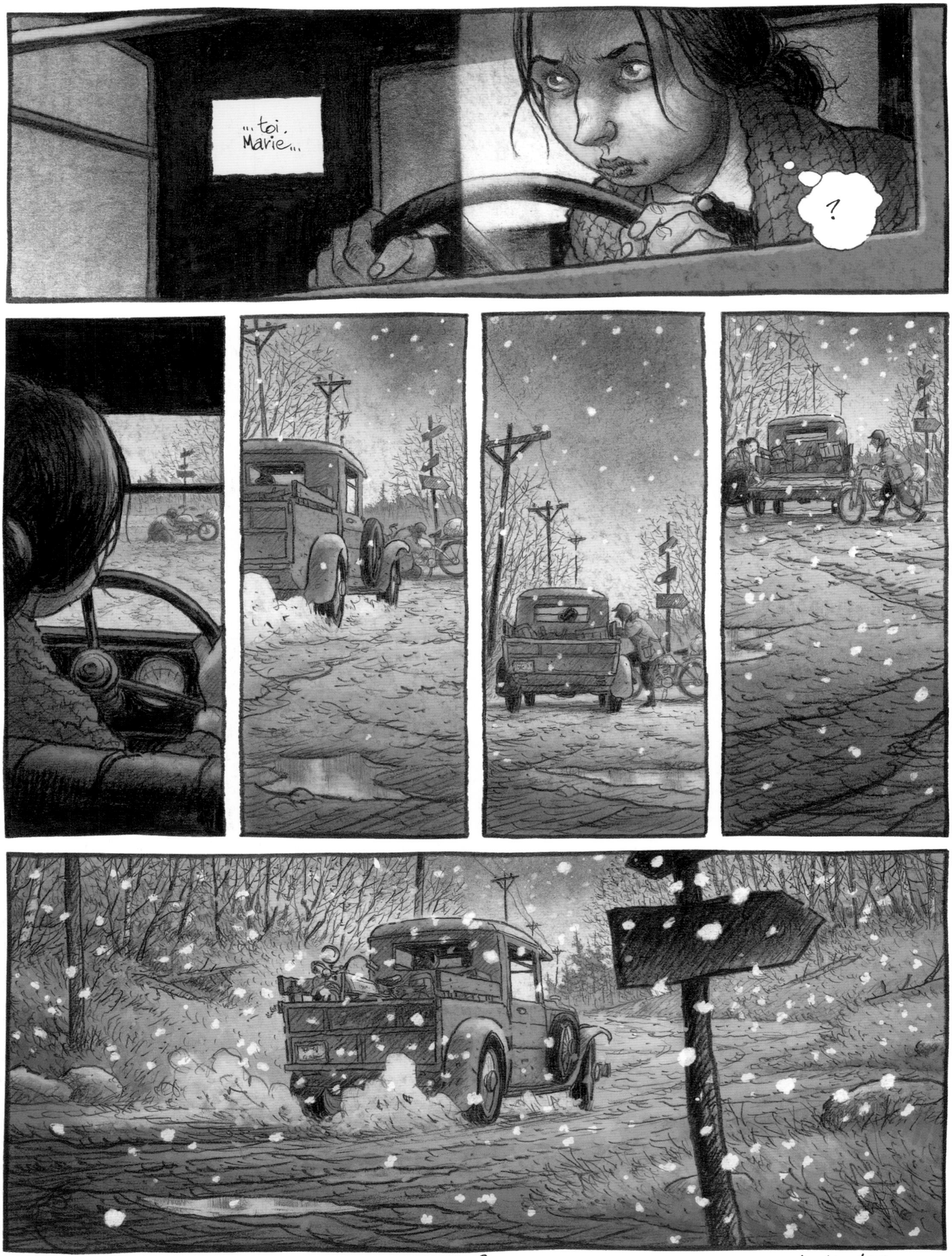
... toi, Marie...
?

Montréal le 9 décembre 2005 — "TRIPP" — à tantôt ...

DES MÊMES AUTEURS

Éditions Casterman

Le Magasin général
1.MARIE
L'Arrière boutique du magasin général

AUTRES OUVRAGES DE RÉGIS LOISEL

Éditions Dargaud

Avec Serge Le Tendre
La Quête de l'oiseau du temps
1.LA CONQUE DE RAMOR
2.LE TEMPLE DE L'OUBLI
3.LE RIGE
4.L'ŒUF DES TÉNÈBRES
Avec Serge Le Tendre et Lidwine
5.L'AMI JAVIN

En quête de l'oiseau du temps
Entretien avec Christelle et Bertrand
Pissavy-Yvernault

Éditions Vents d'Ouest

Peter Pan
1.LONDRES
2.OPIKANOBA
3.TEMPÊTE
4.MAINS ROUGES
5.CROCHET
6.DESTINS
Making of
L'ENVERS DU DÉCOR

Scénario pour Sternis
Pyrénées

Scénario pour Christine Oudot
Fanfreluches pour une sirène

Collaboration au scénario avec Guilmard
Les Farfelingues
1.LA BALADE DU PÉPÈRE
2.LA TROMPE À NEUNEU
3.LES VIGNES DE L'EMPEREUR

Éditions Humanoïdes Associés

Avec Rose Le Guirec
Troubles Fêtes

Éditions La Sirène

Avec Georges Philippe Taladiart
La dernière goutte est toujours pour le slip

(prochainement réédité en 2006
chez Granit Associés)

Édition Granit Associés

Avec Cothias
Norbert le lézard

Édition Glénat

Mali-mélo
Carnet de voyage avec Patrick Cothias et
Yvon Le Corre

Éditions Mosquitos

Monographie 1
Monographie 2 (à paraître en 2006)

Éditions Kesselring

Les Nocturnes

AUTRES OUVRAGES DE JEAN-LOUIS TRIPP

Éditions Albin Michel

Avec Dupuy-Berberian, Cabanes et Denis
Correspondances
Avec Tronchet
Le Nouveau Jean-Claude
1.LA FORCE EST EN LUI !
2.PIZZA MON AMOUR...

Éditions Glénat

La Croisière verte
Avec Alexandra Carrasco
Paroles d'anges

Éditions Liber Niger

Avec Rolo Diez et Alexandra Carrasco
Soleil noir

Éditions Casterman

Avec Baru, Boucq, Cabanes, Ferrandez et Juillard
Le Violon et l'Archer

Éditions Milan

Jacques Gallard
1.PARFUM D'AFRIQUE
3.ZOULOU BLUES
4.AFRIKAAN'S BAZAAR
Avec Barcelo
Dinghys Dinghys
Jacques Gallard
2.SOVIET ZIG-ZAG
Avec Moncomble
Le Tigre furibard
Le Trône

Éditions Futuropolis

Avec Barcelo
L'Autre Idiot
Peau de banane
Le Pari

Éditions Transit

Avec Barcelo
Le bœuf n'était pas mode

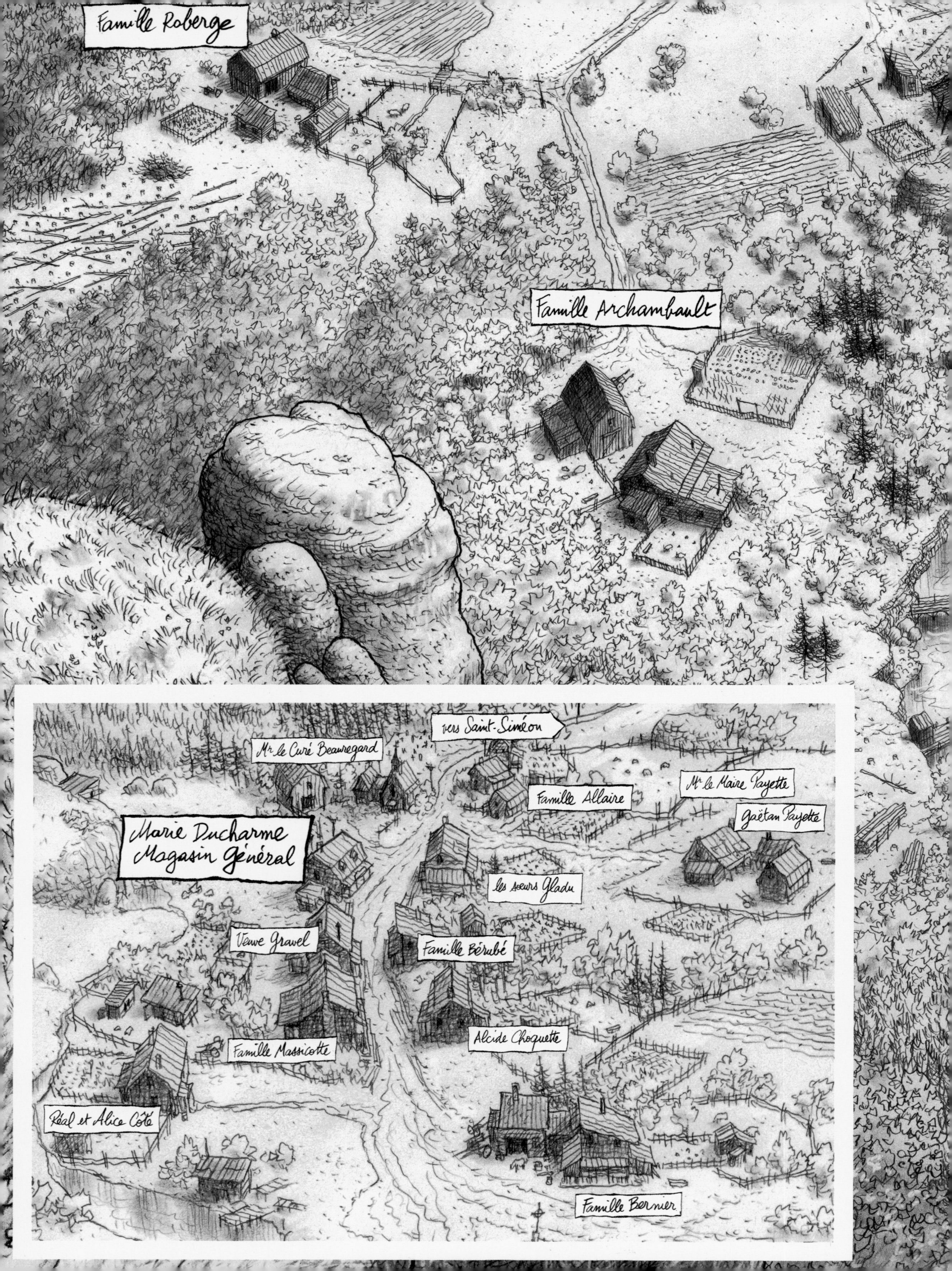
Famille Roberge
Famille Archambault
vers Saint-Siméon
Mr le Curé Beauregard
Famille Allaire
Mr le Maire Payette
Gaëtan Payette
Marie Ducharme
Magasin Général
les sœurs Gladu
Veuve Gravel
Famille Bérubé
Alcide Choquette
Famille Massicotte
Réal et Alice Côté
Famille Bernier